말이 됩니다

말의 민주주의

지은이 노수현

글, 커피, 대화, 산책, 사람을 좋아합니다.
좋아하는 것들을 누리며 살고 싶습니다.

말의 민주주의

독재는
혼자 말하고
민주주의는
함께 말한다

노수현 지음

마음대로

이상합니다.

대한민국은 자유 민주주의 국가이고, 대통령과 국회의원을 선거로 뽑았습니다. 그런데 왜 민주주의가 실감 나지 않을까요? 분명 과거의 군사독재 정권과 비교하면 달라졌고, 촛불로 세계사에 유례없는 평화로운 탄핵을 이뤘는데, 왜 '민주주의'가 실감 나지 않을까요?

생각해 보니 민주주의를 TV와 인터넷으로 만나서 그렇습니다. 매체를 통해서 접하는 사람들은 일상에서 만나는 사람이 아닙니다. 청와대의 민주화를 점수로 매긴다면 얼마나 될는지 저는 알지 못합니다. 사실 잠 못 이루도록 궁금하지도 않습니다. 저나 제 가족이 그곳에서 일한다면 혹모를까 청와대는 제 일상의 공간이 아닙니다. 청와대만이 아닙니다. 국회도, 정부도, 대기업도, 정당도 모두 저의 일상이 아닙니다. 이렇게 말하면 너무 시민의식이 없고 속 좁은 사람 같은데 사실이 그렇습니다. 저는 우리 가족의 민주화에 관심이 많습니다. 제가 일하면서 만나는 사람들과의 회의의 민주화가 더욱 중요합니다.

 우리 사회의 민주화를 위한 책이 아닙니다. 그런 거창한 담론을 이야기할 능력도 없습니다. 내 가족의 '민주주의', 내가 일하면서 만나는 사람과의 '민주주의'를 생각하면서 글을 채웠습니다. 그렇다고 '수신제가 치국평천하'의 글귀처럼 나부터 시작해서 사회로 확대하자는 뜻도 없습니다. 제가 이해하고 말할 수 있는 만큼만 써보자고 시작한 일이 커졌습니다.

 '민주'는 백성이 주인이라는 말입니다. 주인과 노예가 있습니다. 가까이서 보면 입은 옷과 자세로 주인과 노예를 구별합니다. 그러나 멀리서 보면 알기 어렵습니다. 방법이 없는 것은 아닙니다. 누가 말을 더 많이 하는지를 보면 압니다. 말을 많이 하는 사람이 주인이고, 주로 듣는 사람이 노예입니다. 주인은 말하고 노예는 듣습니다. 그런 뜻에서 '민주주의'는 백성이 말하는 사회입니다. 백성이 언제든지 자유롭게 말할 수 있는 장치를 마련하고 말하게 하는 사회가 '민주주의'입니다. 반대로 백성의 말을 막는 사회가 '독재'입니다. 우리가 경험한 군사독재정권은 백성의 말을 빼앗은 시간이었습니다.

군사독재정권의 독재자만 백성의 말을 빼앗은 게 아닙니다. 사장이 직원들의 말을, 당 대표가 당원의 말을, 부모가 자녀의 말을 빼앗습니다. 물론 독재자처럼 나쁜 뜻이 있어서는 아닙니다. 가정과 회사와 당의 발전을 위해서, 사랑으로 전한 말입니다. 그러나 백성의 말을 빼앗은 것에는 독재자의 그것과 차이가 없습니다. 돈이 많거나 없거나, 많이 배웠거나 못 배웠거나, 나이가 많거나 적거나 한 표를 행사하는 선거가 민주주의 꽃인 것처럼 누구나가 평등하게 말하는 게 '말의 민주주의'입니다. 남들보다 두 배 이상 말을 점유하면 말의 재벌이요, 세 배 이상 쏟아내면 말의 독재자가 됩니다.

아무것도 없는 사람에게 뭐든지 선택하라는 게 자유가 아닌 것처럼, 말하라고 해서 뭐든지 말이 되지는 않습니다. 말의 장애물을 제거하고, 말할 수 있는 발판을 마련해 줘야 합니다. 말의 장애물을 제거하고 말의 발판을 만드는 사람이 리더입니다. 과거의 리더는 말하는 사람이었지만, 이제는 말 많은 사람이 될지도 모릅니다. 내용마저 좋지 못하면 '꼰대'가 됩니다. 시대가 원하는 리더는 말하게 만드는 사람입니다. '말의 민주주의'는 그래서 내가 말하는 방법보다는 남이 말하게 하는 방법이 더 많이 담겨 있습니다. 말의 자유와 평등, 그리고 가장 중요한 배려를 일상에서 풀어내도록 돕기 위해 썼습니다.

노무현재단 천호선 이사님의 민주주의 강의를 들었습니다. 교육 내용 중에 아직도 기억에 남는 질문이 있습니다. '당신은 민주주의자입니까?' 그동안 들어보지 못한 질문에 당황했던 기억이 있습니다. '민주주의'는 이상이지만, '민주주의자'는 현실입니다. 똑같은 질문을 '말의 민주주의'에서는 이렇게 던질 수 있습니다.

여러분은 자유롭게 생각과 감정을 표현하는 사람입니까?
여러분은 말을 독점하지 않고 평등하게 말하는 사람입니까?
여러분은 말의 장애물을 제거하고 말의 약자를 배려하는 사람입니까?

그동안 정치 민주화를 위해 피를 흘렸고, 이제 경제 민주화를 위해 땀을 흘리고 있다면 지금부터는 일상의 민주화로 시선을 확장하고, 일상을 채우는 '말'을 관리해야 합니다. 그래서 '말의 민주주의'입니다. 말이 바뀌면 사람이 바뀌고 사회가 변합니다. 똑같이 말하는 대화에서 평등한 사회가 만들어지고, 내 생각과 감정을 있는 그대로 표현하는 말로 자유로운 사회가 되고, 입을 닫고 귀를 열어 물어보는 것으로 배려하는 사회가 됩니다. 말의 자유와 평등과 배려를 기둥 삼아 '말의 민주주의'를 시작합니다.

덕수궁 마음대로 작업실에서
노수현

차례

프롤로그　　5

1장 말의 평등

혼자 말하는 독재자와 함께 말하는 민주주의자	16
말하는 사람과 말하게 만드는 사람	21
이기적 배려와 이타적 배려	28
누구나 말하는 나라	34

2장 말의 자유

말의 장애물	40
모든 권력은 국민의 말로부터	45
뇌에서 시작되는 말	50
시민이 말하는 나라	54

3장 말의 기본기

표현, 대화, 회의토의, 토의토론	60
아는 만큼 느낀 만큼 말하기	65
눈과 손으로 말하기	72
서론 말고 핵심	80
설명 말고 설득	87
기법 말고 관심	93

4장 말+말=대화

사람과 사람을 연결하는 다리	100
잔 대화로 시작되는 관계	104
질문으로 열리는 대화의 문	111
관심사로 출발하는 대화	126
시공을 초월하는 경청	129
삶으로 말하기	135
멋진 말은 남이 하게	140
마음으로 나누는 대화	145
가면을 벗고 말하기	149
대화의 비법, 판단중지	153

5장 말의 밭

말이 싹 트는 밭	160
민주적 모임의 유형	164
창조적 사고	168
민주적 모임의 설계	171
참여율을 높이는 참석자 구성법	178
참석자의 유사성과 다양성	183
모임의 질을 좌우하는 장소	188
자리 배치가 메시지	193
빛을 활용한 자리 배치	198
시작이 전부다	201
정시 시작 노하우	205
모임을 살리는 오프닝	210
모임의 마침표 클로징	215

6장 — 모임의 기술

모임 목적과 참석자 사이에서	220
참석자의 뇌를 깨우는 방법	223
알 듯 모르는 브레인스토밍	227
말의 독재자 통제법	231
'그거 해 봤는데' 막는 법	235
아이디어 공유법	238
합의는 과학이 아닌 예술	242
다수결 투표법	246
파워포인트 활용법	249
모임을 살리는 질문법	252
모임 진행법	257
발언권 주는 법	260
모임의 장애물, 지나친 배려	264

에필로그　　269

1장

말의 평등

혼자 말하는 독재자와
함께 말하는 민주주의자

푸른 하늘을 제압하는

노고지리가 자유로웠다고

부러워하던

어느 시인의 말은 수정되어야 한다

자유를 위해서

비상하여 본 일이 있는 사람이면 알지

노고지리가 무엇을 보고 노래하는가를

어째서 자유에는 피의 냄새가 섞여 있는가를

혁명은 왜 고독한 것인가를

− 「푸른 하늘을」, 김수영

지난 반세기는 민주화의 역사였습니다. 일본에게 빼앗긴 나라를 되찾자마자 같은 민족끼리 죽고 죽이는 전쟁으로 지울 수 없는 상처를 남겼습니다. 단기간에 좁은 지역에서 가장 많은 사상자를 낳은 인류사에 남을 참혹한 전쟁이었습니다. 전쟁은 끝이 났지만 그것으로 끝이 아니었습니다. 밖으로는 열강의 틈바구니에서 살아남아야 했고 안으로는 독재와 싸워야 했습니다. 전쟁의 상처가 아물지도 않았는데 또다시 민주화를 위해 피를 흘려야 했습니다.

지금 우리가 누리는 자유는 피의 대가입니다. 저녁에 해가 지듯이 군사독재가 스스로 조용히 저물지 않았습니다. 군사독재의 해가 지기까지 이름 모를 수많은 시민이 피를 흘려야 했습니다. 1987년 6월 항쟁으로 대통령 직선제와 민주화의 기틀을 마련했고 민주적인 선거로 세 번의 평화로운 정권교체를 이뤘습니다. 촛불시위로 상징되는 탄핵은 교과서에서 배운 정치이론을 현실에서 이뤄낸 기념비적 사건입니다. 그렇다고 민주화가 완성된 것은 아니고 최근에는 오히려 후퇴하는 모습마저 보이지만 그래도 한국 사회는 더 성숙한 정치 민주화를 이뤄 나갈 것입니다.

이제는 정치 민주화를 사회 모든 영역으로 확대해야 합

니다. 독재 타도에 힘을 쏟아서 정치 민주화에는 성과가 있었지만 다른 영역에는 미흡했습니다. 눈에 보이는 독재에 집중하는 사이에 보이지 않는 독재가 독버섯처럼 자라고 있었습니다. 특별히 경제 분야가 그렇습니다. 정치 민주화만큼 경제민주화의 요구가 거셉니다. 전쟁으로 황폐해진 땅에서 가난은 피할 수 없었고, 생존은 최우선 과제였습니다. 먹고 살기 위해서라면 무엇이든 했고, 결과만 좋다면 잘못된 과정도 암묵적으로 용납했습니다. 한국 사회의 미흡한 경제 민주화는 그런 잘못된 과정을 용납한 결과가 차곡히 쌓인 결과입니다.

이제 시대가 달라졌습니다. 결과가 좋다고 불합리한 과정까지 용납되지 않습니다. 여전히 먹고 사는 게 중요하지만 그렇다고 생존을 위해 무조건 참지는 않습니다. 주주총회에서 재벌 회장의 연임이 무산된 일이 있었습니다. 물론 보편적인 일은 아니고 매우 이례적인 사례이지만 경제 민주화의 씨앗이 꾸준히 자라고 있는 것은 분명합니다. 경제 민주화의 갈 길이 멀고 속도가 더디지만 시작된 것은 분명합니다.

그렇다면 이제 한국 사회에 남은 민주화의 과제는 무엇일까요? 정치와 경제는 우리의 삶에 큰 영향을 미치는 중요한 영역이지만 전부는 아닙니다. 정치와 경제를 위해서 사람이 있는 게 아닙니다. 정치와 경제는 수단이지 목적은 아니란 말입니다. 우리의 삶 자체로 시선을 돌려야 합니다. 이름을 붙이면 생활 민주화입니다. 정치와 경제 민주화에 내 가족과 회사의 민주화를 더해야 합니다. 민주화의 거대 담론을 내가 사는 지역과 회사와 가족의 민주화로 전환해야 합니다. 한국의 정치와 경제 민주화가 완성된다고 내가 속한 조직의 민주화가 자동으로 이뤄지지 않습니다. 국가의 민주화가 곧 가족의 민주화도 아닙니다.

생활과 멀어진 종교, 생활과 멀어진 이론, 생활과 멀어진 정치와 경제는 설 자리가 사라집니다. 민주주의도 생활과 가까워져야 합니다. 생활에 가까이 가기 위해서는 말에 주목해야 합니다. 생활은 말로 채워져 있기 때문입니다. 말이 민주적이면 생활이 민주적으로 됩니다. 말이 독재적이면 생활이 독재적입니다. 한 사람의 민주성은 그 사람의 생활 언어로 나타납니다. 그래서 '말의 민주주의'입니다. 그동안 국가의 민주화를 위해 힘썼다면 이제는 자신의 말을 점검해 봐야 합니다. 내 생활 언어가 민주적이지 않다면, 내 주장이 아무리 옳아도 듣는 사람에게는 공허한 메아리로 들립니다. 심지어 사람들의 외면을 받게 됩니다. 사람은 본래 말과 행동이 다른 사람을 피하는 법입니다. 독재는 독단적으로 말하고, 민주주의는 민주적으로 말합니다. 독재자는 혼자 말하고, 민주주의자는 함께 말합니다.

말하는 사람과
말하게 만드는 사람

 선거를 민주주의 꽃이라고 말합니다. 한 국가의 선거를 보면 민주주의가 얼마나 성숙했는지를 알 수 있습니다. 자기 뜻을 따르는 사람들만 체육관에 모아 놓고 선거를 하면 꽃이 죽습니다. 이런 어처구니없는 일이 실제로 전두환 군사독재정권 시절에 있었습니다. 잘못된 정보를 흘리고 여론을 조작하고 돈을 뿌려서 선거를 해도 꽃이 죽습니다. 꽃을 피우기 위해서는 정확한 정보를 제공해야 합니다. 각자의 자유로운 선택을 보장해야 합니다. 민주주의 꽃을 피우는 선거 제도는 나라마다 다르지만 기본 원칙에는 공통점이 있습니다. 선거는 평등한 투표권이 기본 중의 기본입니다. 남자도 한 표, 여자도 한 표입니다. 고등학교를 졸업한 사람도 한 표, 박사도 한 표입니다. 집이 넓어도 한 표, 좁아도 한 표입니다.

말의 민주주의에서도 선거의 기본 원칙은 똑같이 적용됩니다. 모든 사람에게 평등하게 부여되는 투표권을 말의 민주주의에서는 '똑같이 말하기'라고 부릅니다. 2000년대 초반에 일본으로 사회적경제 기관 탐방을 갔었습니다. 도쿄에서 일본 사회적기업 담당자와 저녁 모임을 했습니다. 모임 후 저녁 식사를 마치고 계산하는데 음식점 점원에게 '나눠서 계산하나요?'라는 낯선 질문을 받아서 당황했던 기억이 납니다. 우리는 당연히 한 사람이 계산하는 문화였는데 같이 밥을 먹고 각자의 카드로 나눠서 계산하는 1/N이 매우 낯설었습니다. 지금은 한국에서도 특히 청년들에게는 익숙한 모습이지만 말입니다.

말의 민주주의를 한마디로 요약하면, '말의 1/N'입니다. 팀장이 10분 말하고 팀원이 1분 말했다면 대화의 모양새를 갖춘 지시입니다. 부모가 30분 말하고 자녀가 5분 말한 것도 대화를 위장한 훈계입니다. 아무리 좋은 의도와 넘치는 사랑을 담았어도 듣는 사람에게는 지시고 훈계입니다. 물론 지시와 훈계가 필요한 때도 있습니다. 말의 민주주의는 지시와 훈계하는 법을 말하지 않습니다. 우리의 목적은 생활 속에서 민주주의를 실현하는 겁니다. 그러기 위해서는 기본기를 갖춰야 합니다. '말의 1/N'은 가장 기초가 되는 기본기입니다.

 말은 쉽고 실천은 어려운 법입니다. 말의 민주주의 이론도 어렵지 않습니다. '말의 1/N'만 지키면 되니까요. 그런데 '말의 1/N'을 실천하기는 어렵습니다. 중요한 과제일수록 무작정 달려들기 전에 생각해야 합니다. 똑같이 말하기를 다짐한다고 말의 민주주의가 저절로 이뤄지지 않습니다. 먼저 '말의 1/N'을 어렵게 하는 원인과 장애물을 알아야 합니다.

 첫째로 사람의 몸에 중요한 힌트가 있습니다. 몸은 말할 때 힘을 내고 활발해집니다. 말할 때는 시간 가는 줄 모릅니다. 반대로 들을 때는 시간이 천천히 흐르고 하품만 나옵니다. 사람은 말하고 싶어 합니다. 사람들 앞에서 말하기를 어려워하는 사람도 가까운 사람과는 말하고 싶어하고 말을 잘합니다. 유발 하라리는 호모사피엔스에서 스토리, 말하기의 위대한 힘을 보여줍니다. 가장 약한 호모사피엔스가 지구를 지배하는 종이 되었던 이유를 말하기에서 찾습니다. 말하기는 본능입니다. 몸은 통제하지 않으면 본능대로 살게 되어 있습니다. 말이 넘치고 '말의 1/N'이 지켜지지 않는 이유입니다.

둘째로 사랑과 리더십의 오해로 '말의 1/N'이 어렵습니다. 사람은 누군가를 사랑하면 주고 싶어 합니다. 선물과 마음을 주고 심지어 목숨까지 아끼지 않습니다. 사랑해서 상대에게 주는 행동은 타인을 생각하는 선한 일입니다. 문제는 상대가 그것을 원하지 않을 수도 있다는 사실에서 시작됩니다. 나의 사랑이 상대에게는 사랑이 아니고 억압이 되기도 합니다. 그런 잘못된 사랑의 끝에 스토킹이 있습니다. 상대의 반응은 중요하지 않습니다. 내 사랑만 중요합니다. 사랑을 가장한 이기적인 행동입니다.

부모의 사랑은 세상에 존재하는 사랑 중에 가장 완전합니다. 그 사랑은 의심할 여지가 없습니다. 사랑하는 자녀를 위해서 모든 것을 아끼지 않습니다. 그래서 말도 아끼지 않습니다. 아끼지 않은 말이 넘쳐서 '말의 1/N'은 불가능한 과제가 됩니다. 아니 생각조차 하지 못합니다. 주는 것을 사랑의 전부라고 생각해서 그렇습니다. 사랑은 주는 것도 아니요 받는 것은 더더욱 아닙니다. 건강한 사랑은 주고받습니다. 사랑은 받는 것으로 시작해서 주는 것으로 완성됩니다. 부모의 사랑으로 어른이 되어 다른 사람을 사랑하는 사람이 되는 것처럼 말입니다.

부모의 실수를 조직의 리더가 똑같이 범합니다. 조직원을 가르쳐야 한다는 흔들리지 않는 믿음이 있습니다. 굳건한 믿음을 설교로 전파합니다. 회의하다가, 차를 마시다가, 결재 하다가, 워크숍에서 시간과 장소를 가리지 않고 말을 쏟아냅니다. 교리가 설파되는 순간 조직원은 수동적 신도가 됩니다. 신도는 교리를 따지지 말고 받아들이기만 하면 됩니다. 리더의 완전한 교리에 딴지를 걸면 이단이 됩니다. 훈련된 신도들은 설파되는 교리에 적극적으로 호응합니다. 손을 모아 듣고, 고개를 끄덕이고, 감격의 온갖 리액션이 만발합니다. 그래야 교리 전파가 빨리 끝난다는 것을 오랜 경험으로 깨달았기 때문입니다.

과거의 리더는 말하는 사람이었습니다. 정보가 부족한 시대에 리더의 말로 시대를 읽었습니다. 지금은 다릅니다. 지금껏 인류가 경험하지 못한 정보가 넘치고 있습니다. 정보 부족이 아니라 정보 과잉의 시대가 되었습니다. 이제는 리더의 말에서 정보를 찾을 필요가 없습니다. 아직도 말로 정보를 줘서 사람을 이끌려는 사람을 더이상 리더라고 부르지 않습니다. 말이 많은 사람이라고 합니다. 리더십도 변해야 합니다. 말하는 리더십에서 말하게 하는 리더십으로! 시대가 원하는 리더는 말하게 만드는 사람입니다. 하지만 아직도 여전히 많은 리더가 말하기를 멈추지 않습니다. 새로운 리더십을 경험하지 못했기 때문입니다. 사람은 갑자기 변하지 않습니다. 그래서 '말의 1/N'은 꾸준한 훈련이 필요합니다.

자유는 평등의 울타리 안에서 날개를 폅니다. 사자와 양을 같은 울타리 안에 넣고서 자유롭게 살라는 것은 양보고 죽으라는 말과 같습니다. 양은 잠깐 돌아다닐 자유가 있을지는 모르겠으나 잡아먹힌다는 사실은 변하지 않습니다. 양과 사자 사이에 울타리를 만들어 줘야 자유를 누릴 수 있습니다. 양과 사자 사이의 울타리가 '말의 1/N'입니다.

'말의 1/N'은 섬세한 배려와 준비가 필요합니다. 우리가 앞으로 함께 고민하고 배울 과제입니다. 책의 주제를 요약하면 주저하지 않고 '말의 1/N'이라고 말하겠습니다. 방법은 차근차근 배우고 우선 이것만이라도 새기면 좋겠습니다. 자유와 평등이 없으면 민주주의가 없는 것처럼, '말의 1/N'이 없으면 '말의 민주주의'는 없다는 사실을요. 말의 민주주의가 없는 곳에서 우리는 자신도 모르게 말의 재벌이 되고, 심지어 말의 독재자가 되어 우리가 그토록 사랑하는 사람들에게 지울 수 없는 상처를 남길 수도 있습니다. 혹시 여러분은 말의 재벌, 말의 독재자는 아니신가요?

이기적 배려와
이타적 배려

 배려가 무엇인지를 직접 경험한 일이 있습니다. 지인의 소개로 노무현재단에서 교육을 했습니다. 보통 교육이 끝나면 담당자와 대화하기도 쉽지 않은데 이날은 달랐습니다. 교육 주관기관인 재단의 천호선 이사님과 대화를 나눴습니다. '대화'라는 단어가 중요합니다. 저에게 천호선 이사님은 TV와 언론으로 접하던 공적으로 알려진 분이었습니다. 참여정부 대변인과 당 대표도 지냈으니 말입니다. 보통 작은 기관을 방문해도 팀장님 만나기가 쉽지 않은데 천호선 이사님은 강의가 끝나고 직접 찾아와 주셨습니다. 그것도 감사한 일인데 마주 앉아서 교육의 내용과 분위기, 앞으로의 방향성에 대한 강사의 의견을 물으셨습니다. 그 순간 저는 존중받는다는 생각과 배려받는다는 기분이 들었습니다. 그때의 일이 지금도 여전히 천호선 이사님을 존중과 배려심이 많은 분으로 기억하게 합니다.

민주주의는 다수결이 아니라 존중과 배려로 성숙합니다. 다수결은 민주주의에서 의사결정 과정의 중요한 수단이지만 그것이 전부는 아닙니다. 사회적 약자와 소수, 다양성에 대한 존중과 배려가 없다면 민주주의는 다수의 전차만 달리는 살벌한 경기장이 됩니다. 그렇다면 말의 세계에서 존중과 배려는 어떻게 나타날까요? 한마디로 요약하면 '듣기'입니다. 우리는 존중하는 사람의 말을 듣습니다. 누군가를 배려한다면 말하기 전에 물어봅니다. 목마른 사람에게 물을 먹으라고 말하는 것보다 '물을 드릴까요?' 묻는 게 배려입니다. 가난한 사람에게 묻지 않고 쌀을 주는 것은 배려가 아니라 적선입니다. 배려하면 반드시 묻게 됩니다. 반대로 생각하면 묻지 않는 배려는 좋은 뜻에도 불구하고 강압이나 폭력이 될 수도 있습니다.

내가 배려 있는 사람인지를 알고 싶다면 확인할 수 있는 간단한 방법이 있습니다. 내가 얼마나 주위 사람에게 묻고 듣는지를 점검해 보면 정확히 알게 됩니다. 당대표가 당원을 배려하면 물어봅니다. 모두 이렇게 생각하리라 예측하지 않고 반드시 물어봅니다. 자신의 선택을 강한 신념으로 말하기 전에, 당원의 선택이 옳음을 믿고 물어봅니다. 나의 배려심과 내 판단이 아니라 상대의 판단으로 가려집니다. 내가 아무리 배려와 존중을 말해봐야 소용없습니다. 당사자인 당원이 배려와 존중을 받지 못했다고 생각하면, 그것으로 끝입니다. 나는 그렇게 힘을 들여서 결국 배려와 존중의 흉내만 낸 것과 다르지 않습니다. 흉내만 내니까 깊은 대화가 안 되고 생산적 회의와 집단지성으로 합의에 이르는 토론은 꿈도 꾸지 못합니다.

힘 있는 사람, 지위가 높은 사람, 많은 것을 가진 사람이 먼저 물어야 합니다. 교사에게 질문한 학생을 배려가 많다고 말하지 않습니다. 당연합니다. 교사가 학생에게 물어야 배려입니다. 부모가 자녀에게, 팀장이 팀원에게, 사장이 사원에게, 당 대표가 당원에게, 대통령이 국민에게 물어야 배려이고 존중입니다. 한 가지 유의할 점이 있습니다. 배려와 정보를 얻거나 확인하기 위한 질문은 다릅니다. 대화법에서 자세하게 다루겠지만 지금은 이것만 기억하면 좋겠습니다. 질문은 듣기 위해서 해야 합니다. 사장이 사원에게 이번 달 실적을 묻는 것은 배려가 아니라 점검입니다. 부모가 자녀의 시험성적을 묻는 것은 성적 압박입니다. 왜 그리도 한국 사회의 부모와 팀장과 사장과 리더들은 질문을 이렇게만 사용하는지 모르겠습니다. 똑같은 질문학원을 다녔냐 싶게 말입니다.

다른 사람에게 묻고 듣는 게 편하고 익숙하다면, 당신은 배려와 존중이 몸에 밴 사람입니다. 분명 상대방도 그렇게 생각하고 당신을 따르게 됩니다. 사람은 자신에게 조언해주는 사람보다 자신의 말을 들어주는 사람을 따릅니다. 어려움에 처한 지인에게 세상에 더 없을 해결책을 말해주면 알게 됩니다. 상대는 당신의 기막힌 해법에 감탄하고 감사합니다. 그러나 딱 거기까지입니다. 당신과 마음을 나누는 단계까지는 어렵습니다. 어려운 일이 있을 때마다 당신을 찾을 수는 있겠지만 언제나 당신 곁에 있고 싶어 하지는 않을 겁니다. 당신의 기막힌 해결책으로 둘은 다른 사람이 되었기 때문입니다. 한 사람은 해결책을 알고 있는 멋진 사람, 한 사람은 해결책을 모르고 방황하는 모자란 사람으로 말입니다. 마음은 훌륭한 사람이 아닌 나와 같은 사람과 나누는 법입니다.

노무현재단에서 노무현 대통령 서거 10주년을 맞이하여

'노무현 시민학교' 건축 계획을 발표했습니다. 뉴스로 소식을 접한 어느 날인가 시민학교 운영계획을 고민하는 저 자신을 발견했습니다. 노무현 재단 직원도 아니고 누군가에게 돈을 받거나 부탁받은 것도 아닌데 말입니다. 그것도 돈 받고 하는 연구용역보다도 고심해서 말입니다. 생각해 보니 시작은 천호선 이사님의 배려와 존중 때문이었습니다. 그날 천호선 이사님의 배려와 존중이 담긴 질문에, 오랜만에 사회생활에서 접하지 못했던 사람 대접을 받는다는 느낌이 들었습니다. 사람 대접을 받으니 사람 구실을 하고 싶었나 봅니다. 이렇게 누가 시키지 않았는데도 자발적으로 생각하고 행동하는 것을 참여라고 부릅니다.

민주주의에서 배려와 존중이 중요한 이유는 결국 이것이 참여의 전제 조건이 되기 때문입니다. 그래서 시작은 먼저 물어야 합니다. 묻고 또 묻고 인내해서 들어야 합니다. 여기까지가 우리의 몫입니다. 다음부터는 저절로 화학작용이 일어납니다. 질문을 받은 사람은 존중과 배려의 감정을 느끼고, 사람 대접을 받게 됩니다. 사람 대접을 받았으니 사람 구실을 하려고 마음을 다해 말합니다. 말했으니 말한 것에 책임을 다하려고 행동합니다. 사람들이 말로 참여하고,

행동으로 말을 보여주는 사회가 민주주의 사회이고, '말의 민주주의'입니다.

누구나 말하는
나라

 한국 교육의 가장 큰 문제는 학생들의 말할 기회, 말할 권리를 강탈한 겁니다. 전 세계에서 가장 오랜 시간 학교 건물에 갇혀 있는 것도 문제인데 시간 내내 듣기만 합니다. 수업 시간에는 선생님만 말했고, 수업 외 시간에는 훈계만 가득했습니다. 집에서 듣고 학교에서 듣고 그래서 우리는 듣는 게 익숙합니다. 듣기가 익숙한 패턴은 자연히 사회생활로도 이어집니다. 생각을 모으는 회의는 온데간데없고 팀장 회의에서는 팀장의 말을 듣고, 부장 회의에서는 부장의 말을 듣고, 사장 회의에서는 사장의 말만 듣습니다. 집이라고 다르지 않습니다. 사랑과 훈계라는 이름으로 주로 듣기만 했습니다.

 '암묵적 동의'라는 개념이 있습니다. 에드거 샤인(MIT,

Edgar H. Schein) 교수가 주장한 개념으로 조직 안에 말하지 않아도 암묵적으로 동의하는 문화가 있다고 말합니다. '말하지 않아도'에 주목해야 합니다. 오랜 시간이 쌓여서 만들어진 문화가 시키지 않아도 사람들의 생각과 행동을 지배합니다. 어차피 우리 조직에서 이건 안 되는 거라고 나만 생각하지 않습니다. 서로 말을 하지는 않았지만, 모두가 동의한 것처럼 이렇게 똑같이 생각합니다. 암묵적 동의입니다. 그래서 에드거 샤인 교수는 힘주어 말합니다. 힘들고 불가능해 보여도 조직의 암묵적 동의를 찾아서 제거해야 한다고요. 그렇지 않으면 조직의 발전은 없다고 단언합니다.

한국 사회는 유독 말하면 안 된다는 암묵적 동의가 만연해 있습니다. 말하면 찍히고 결국 손해 본다는 강력한 암묵적 동의입니다. 요즘 퍼실리테이션이 유행입니다. 사람들의 말을 끌어내고 참여를 이끄는 기법입니다. 그러나 한국 사회의 암묵적 동의가 제거되지 않으면 포스트잇을 아무리 붙이고, 전지에 그림을 그려 자유스러운 발표를 해도 소용이 없습니다. 잠시 그때뿐입니다. 오랜 시간동안 만들어진 문화가 몇 번의 교육으로 바뀌지 않습니다. 그건 문화가 아닙니다. 지금부터 많은 시간과 힘을 쏟아서 말하게 해야 합니다. 자녀와 팀원과 모든 사람이 말하게 해야 합니다.

모두가 새로운 시대와 창조를 말하지만 지금처럼 말하지 못하는 사회에서는 과거의 울타리를 벗어나지 못합니다. 모두가 말하는 사회는 사회 발전과 성숙의 토양입니다. 한 사람의 천재가 사람들을 먹여 살리는 시대가 아닙니다. 모두가 말해야 합니다. 몇 번을 강조해도 지나치지 않습니다. 말하되 소수가 말을 독점하지 말고 함께 말해야 합니다. 김구 선생님은 오직 한없이 가지고 싶은 것은 높은 문화의 힘이라고 문화강대국을 역설하셨습니다. 김구 선생님의 말을 빌려 '말의 민주주의'를 말합니다.

오직 한없이 가지고 싶은 건 누구나 말하는 나라입니다.

2장

말의 자유

말의
장애물

 사람은 말하며 살아갑니다. 혼자 살 수 없는 세상이니 당연한 일입니다. 말하지 않기로 마음먹어도 그건 다이어트만큼이나 어려운 일입니다. 내가 무슨 생각을 하고 무엇을 필요로 하는지를 전달하려면 말해야 합니다. 물론 말하지 않고 글로 전달하거나 몸짓, 발짓으로도 표현할 수 있지만 한계가 있습니다. 생존은 곧 말이고 말하며 사는 데 말이 어렵다고 합니다. 심지어 말을 못 하겠다고 합니다. 이렇게도 많은 말을 하면서 말이 어렵다는 이 역설을 어떻게 이해해야 할까요?

 모든 조직에는 장애물이 있습니다. 리더는 장애물을 예측하거나 장애물을 만났을 때 제일 앞에 서는 사람입니다. 말의 세계도 마찬가지입니다. 말을 가로막는 장애물이 있습니다. 장애물을 알아야 합니다. 장애물을 무시하고 달리면 힘은 힘대로 들고 결국 넘어집니다. 목적지 근처도 못 가고 상처만 남습니다. 말을 하려면 말의 장애물을 찾아서 없애야 합니다. 장애물을 찾아서 없애는 동안 시간이 걸려서 늦는 것 같지만 오히려 무작정 달린 사람보다 더 안전하게 목적지에 도착할 수 있습니다.

첫 번째 장애물은 두려움입니다. 말을 내뱉다가도 갑작스럽게 찾아온 두려움에 입을 굳게 닫습니다. 한국의 교육은 정답 맞추기로 요약됩니다. 정답을 평가할 사지선다의 객관식 문제가 너무도 익숙합니다. 주관식 문제가 없는 것은 아니지만 그마저도 외워서 답해야 했습니다. 내 생각을 묻는 시험은 없습니다. 무조건 정답만을 답해야 했습니다. 정답을 말할 때까지 체벌이 뒤따를 때도 있었습니다. 그래서 우리는 틀리는 것을 두려워하고 내 생각을 말하는 게 낯설게 느껴집니다. 두려움이 밀려오면 몸은 움츠러들고 입이 닫히고 심장의 박동이 빨라집니다. 실패를 용납하지 않고 정답만을 강요하는 한국 사회가 만든 말의 장애물입니다.

두 번째 장애물은 듣기 관성입니다. 물체에 적용되는 관성은 사람의 몸과 마음에도 동일하게 작동됩니다. 아픔이 오래되면 아픔에 익숙하고, 매일 아침 달리기를 하면 아침마다 몸이 달리기에 익숙해집니다. 소통은 읽고 쓰고 듣고 말하기로 이뤄집니다. 읽었으면 써야 하고, 들었으면 말해야 합니다. 그래야 균형이 잡히고 더 깊은 소통이 가능합니다. 한국 사회의 문제는 말할 기회가 없는 과다한 듣기에 있습니다. 의무교육 12년간 학교에서 듣기만 했습니다. 어디 학교에서만 그랬습니까? 학원에서 듣고, 집에서 듣고, 회사에서 듣고, 교회와 성당과 절에서 들었습니다. 이런 환경에서 자랐는데 말하는 게 익숙한 사람이 이상합니다. 사용하지 않는 기관이 퇴화하듯이 듣는 게 편하고 말하기가 어렵습니다.

세 번째 장애물은 관계입니다. 사춘기 아이가 말을 너무 못한다고 상담을 요청한 부모가 있었습니다. 아이를 만났는데, 정작 저는 말을 별로 하지 못했습니다. 무슨 아이가 그렇게 말이 많고, 말을 재미있게 하던지요. 말을 못 하는 친구가 아니라 엄마와 관계가 안 좋은 친구였습니다. 회사에서 말을 잘 못하는 사람은 있어도 친한 친구와 말을 못하는 사람은 없습니다. 말을 못 하기는커녕 시끄러울 정도로 말이 넘쳐날 겁니다. 말은 안전한 환경에서 힘을 냅니다.

말을 끌어내는 안전한 환경이 곧 관계입니다. 관계의 안전망이 넓으면 말이 넘치고 좁으면 말이 끊어집니다. 말은 관계와 비례합니다.

마지막 장애물은 말의 재료 부족입니다. 다음의 질문에 답해보세요. 양자역학의 간섭 작용을 활용한 사회복지와 돌봄의 확대 방안은 무엇인가? 시원하게 말할 수 있는 사람이 많지 않을 겁니다. 양자역학과 사회복지를 동시에 아는 것도 어려운 일인데 확대 방안은 고난도의 주제입니다. 친구와 시간을 보내는 농담 따먹기가 아닌 이상, 말에는 주제가 있습니다. 주제를 뒷받침할 재료가 있어야 대화가 됩니다. 화장품 얘기를 나누는 모임의 아버지, 군대 얘기를 하는 모임의 여동생을 생각하면 이해하기가 쉽습니다. 분명 한국어인데 알아듣지 못할 말이 난무하고, 질문 말고는 할 말이 없어집니다. 제품이 없는 상점이 문을 닫듯이 말할 재료가 없으면 입도 굳게 닫힙니다.

말의 장애물을 두려움, 듣기 관성, 어색한 관계, 부족한 말 재료에서 찾았습니다. 아는 것으로 그치면 안 됩니다. 장애물을 없애야 합니다. 틀릴지도 모른다는 두려움을 극복하고 듣는 관성에서 벗어나야 합니다. 말하기 전에 관계를 쌓고 충분한 말의 재료를 준비해야 합니다. 이렇게 말의 장애물을 없애려 힘쓰는 사람이 다른 사람이 말하도록 함께할 수 있습니다. 다른 사람 앞에 높이 설치된 말의 장애물을 없애는 사람이 리더입니다. 정보가 없던 시대에는 말로 정보를 줘서 이끄는 사람을 리더라고 했습니다. 지금은 정보가 넘칩니다. 그런데 아직도 말로 사람을 이끄는 사람은 리더가 아니라, 말이 많은 사람이라고 부릅니다. 시대가 원하는 리더는 말하게 만드는 사람, 말을 하도록 말의 장애물을 제거하는 사람입니다.

모든 권력은
국민의 말로부터

 생각은 속여도 몸은 못 속인다는 말이 있습니다. 연일 계속된 야근으로 피곤이 쌓여갈 때 조금 더 힘을 내자고 자신을 다독입니다. 다독이는 약발도 다하면 '더 할 수 있다. 지금은 해내야 하는 때'라고 마지막으로 의지를 불태웁니다. 그렇게 생각을 바꾸고 의지를 불태워도 몸은 통제를 따르지 않고 솔직하게 반응합니다. 힘들면 이제 그만 쉬자고 말합니다. 다른 어떤 말로도 타협이 안 됩니다. 그래도 몸이 쉬자고 보내는 신호를 무시하면 감기나 무기력으로 수위를 높입니다. 생각은 속여도 몸은 속일 수 없습니다. 몸은 솔직합니다. 솔직한 몸이 가장 예민하게 반응하는 게 재미입니다. 예를 들어 가기는 싫어도 직장 생활에 도움이 되는 모임과 먹고사는 데 도움은 안 되지만 재미있는 모임이 있다고 가정해 보죠. 여러분이라면 어느 모임에 가시나요? 생각은 도움이 되는 모임에 가야 한다고 말할지 모르지만 아마도 발은 이미 재미있는 모임을 향해 걷고 있을 겁니다.

몸은 재미에 예민하게 반응합니다. 여기서 말하는 재미는 술 마시는 재미, TV 예능을 보며 웃는 재미가 아닙니다. 좋아하는 가수의 콘서트를 생각해 보죠. 관객과 가수 중 누가 더 재미있을까요? 질문에 진짜 재미의 힌트가 있습니다. 남을 보면서 웃는 것도 재미이지만 낮은 수준의 재미입니다. 높은 수준의 재미는 내가 참여해야 경험할 수 있습니다. 콘서트의 관객이 노래하는 가수보다 더 재미있기 어려운 이유입니다. 관객보다 가수가 더 많은 시간과 공간을 누리기 때문입니다. 시간과 공간을 주인공으로 누리는 게 참여이고 참여할 때 높은 수준의 재미를 경험합니다. 회의에 참여하면 회의가 재밌고, 수업에 참여하면 수업이 재밌습니다. 참여하지 않고 몸만 참석하니까 회의와 수업이 지루하고 심하면 몸만 남고 영혼은 다른 곳으로 여행을 떠납니다.

참여가 진짜 재미라면 참여하는 방법을 알아야 합니다. 먼저 유사한 단어인 참석의 뜻을 알면 참여의 의미가 분명해집니다. 참석은 몸으로 합니다. 회의에 참석한다는 말은 회의장에 있다는 말입니다. 아직 회의에 참여한 것은 아닙니다. 회의장에 와서 가만히 앉아만 있는 건 회의 참석이고 자기 생각을 말하면 회의 참여입니다. 참여는 곧 표현입니다. 수업에 참여하는 방법은 궁금한 것을 질문하거나 선생님의 질문에 답하는 겁니다.

사람은 온몸으로 표현합니다. 생각과 감정이 입으로 나가면 말이고, 손으로 나가면 글이고, 온몸으로 나가면 삶이 됩니다. 일상에서 가장 많이 사용하는 표현 도구는 말입니다. 말도 하기 싫을 정도로 밉지 않고서야 밥 먹으라고 종이에 써서 알리지 않습니다. 결국 참여는 말이라 해도 과하지 않습니다. 수업에 참여하기 위해서는 생각을 말해야 합니다. 회의에 참여하기 위해서도 의견을 말해야 합니다.

청년들을 만나면서 의도와 다르게 실수가 잦았던 시절이 있었습니다. 처음에는 실수인지도 몰랐고, 시간이 지나서야 알게 되었습니다. 청년에게 주고 싶은 게 많다 보니 하나라도 더 주려는 마음에서 말이 많아졌습니다. '말의 1/N'을 철저히 무시하고 말의 독재자가 되고 있었습니다. 독재자의 공허함을 경험하고서야 깨달았습니다. 이제는 청년을 만나면 맛있는 것을 사주고 들으려 노력합니다. 그런데 이상한 일입니다. 내가 생각하기에 좋은 말을 쏟아 놓던 때에 받지 못하던 문자를 받습니다. '오늘 시간 좋았어요. 좋은 말들 감사해요'라고요. 말은 자신이 다 해놓고 좋은 말들에 감사하다니 참으로 이상합니다.

의미 없는 말은 목의 성대를 지나가는 공기의 울림에 지나지 않습니다. 공기의 울림에 생각과 감정을 실어야 비로소 의미 있는 말이 됩니다. 말은 생각과 감정을 표현하는 인간이 가진 가장 보편적인 방법입니다. 뇌는 시간과 공간의 중요성을 표현으로 가늠합니다. 내가 표현할 때 시간과 공간의 주인공으로 인식하여 집중하고, 반대일 때 시간을 그냥 흘려보냅니다. 참여는 시간과 공간의 주인공이 되는 경험입니다. 주인공이 되니 즐겁고 뇌가 할 일이 많아집니다. 뇌가 활발히 움직이니 생기가 넘칩니다. 말의 세계에서는 이렇게 자기 생각과 감정을 건강하게 표현하는 사람을 잘 산다고 말합니다. 이런 사람이 모인 가정, 조직, 사회가 건강합니다.

'말의 민주주의'는 이념이 아닙니다. 이렇게 자기 생각과 감정을 건강하게 표현하는 사람들이 많은 사회입니다. 대한민국 헌법은 '대한민국은 민주공화국이며, 주권은 국민에게 있고, 모든 권력은 국민으로부터 나온다'로 시작됩니다. 핵심은 국민이 주인이라는 것인데, 주인을 쉽게 설명하면 말하는 사람입니다. 따라서 말의 민주주의에서는 이렇게 바꿔 쓸 수 있습니다.

대한민국은 민주공화국이며, 주권은 국민에게 있고, 모든 권력은 국민의 '말'로부터 나옵니다.

뇌에서 시작되는
말

 태백 시내를 조금 벗어나면 한강의 발원지 검룡소가 있습니다. 산길을 따라 조금 오르면 바위 사이로 물이 솟구치는 곳을 만나는데 이곳에서 한강이 시작됩니다. 한강이 처음부터 큰 강물을 이루고 있는 게 아니라 조그맣게 시작됩니다. 말은 끊임없이 흐르는 강물과 같습니다. 강물 같은 말에도 검룡소 같은 시작점이 있습니다. 말의 검룡소는 뇌입니다. 뇌가 움직여야 말이 나옵니다. 성대를 울려서 나오는 모든 소리가 말이 되는 게 아닙니다. 뇌가 의미를 부여하면 말이 되고, 그렇지 못하면 음성이 됩니다. 따라서 말에 대해서 논하려면 발원지인 뇌를 알아야 합니다.

 첫째, 뇌는 새로운 자극에 반응합니다. 우리는 아침에 일어나면 뇌가 깨고 잠들 때 뇌가 잠든다고 생각합니다. 실제로는 그렇지 않습니다. 뇌는 생존을 최우선 과제로 생각합니다. 생존을 최우선 과제로 에너지를 관리합니다. 에너지를 아끼기 위해서 반복되는 행동은 패턴으로 저장합니다. 최대한 뇌의 활동을 줄여서 신체 예산을 절감하려는 습성입니다. 매일 만나는 사람과 매일 같이 걷던 공원길을 걸으면 뇌는 다리에게 '이 정도는 알아서 하라'고 신호를 보냅니다. 스마트폰의 절전 기능처럼 뇌는 절전모드로 들어가고, 발만 부지런히 움직입니다. 반복훈련으로 반응하는 운동선수의 몸처럼 말입니다. 뇌는 새로운 자극에 반응합니다. 여행의 기억이 강하고 오래가는 이유입니다. 새로운 풍경이 보이고 평소에 맡지 못한 냄새가 나고 낯선 소리가 들리니 뇌가 정보를 모으고 해석하기 위해서 부지런히 움직인 결과입니다. 말하기 위해서는 자극이 필요합니다. 매일같이 반복되는 생활에는 자극이 없어서 뇌가 움직이지 않고 입은 열리지 않습니다. 처음 해외여행을 다녀온 친구를 생각해 보세요. 3박 4일의 일본 여행도 세계 일주를 다녀온 것처럼 말이 넘쳐납니다. 강한 자극을 받은 뇌가 말하고 싶어서 안달이 나서 그렇습니다.

둘째, 뇌는 움직임에 반응합니다. 머리가 딱딱하다고 뇌도 그런 것은 아닙니다. 뇌는 단백질 덩어리입니다. 쉽게 말해 뼈가 아니고 근육이란 말입니다. 이렇게 생각하면 뇌의 작동 원리를 간단하게 이해할 수 있습니다. 뇌는 몸을 움직일 때 더 활발히 작동합니다. 누워있는 것보다 앉아 있을 때, 그보다는 서 있을 때 더 활발하게 작동합니다. 좋은 아이디어는 산책할 때 떠오르는 법입니다. 가만히 책상에 앉아서 아이디어를 생각해 봤자 잠만 옵니다. 회의실을 벗어나 카페에서 아이디어를 모으고, 스탠딩 회의를 하는 이유입니다. 멋 내려는 게 아니란 말입니다. 뇌를 움직이기 위해서는 활동해야 합니다. 가만히 앉아서 무슨 말을 할지 생각하지 말고, 일어나 서성거려보기라도 합시다. 시간이 허락된다면 공원길을 산책하고, 가벼운 스트레칭으로 몸을 풀어보시죠. 이전과 다른 생각이 떠오르고 나도 모르게 입이 열리게 됩니다.

셋째, 뇌는 재미에 반응합니다. 뇌는 자기가 하고 싶은 일을, 하고 싶은 시간에 할 때 가장 활발하게 움직입니다. 무엇인가에 빠졌던 기억을 떠올려 보세요. 좋아하면 시간 가는 줄 모르고 빠져 버립니다. 뇌의 강력한 운동이 시간과 공간을 새롭게 해석하기 때문입니다. 게임에 빠진 중학교 2

학년 남학생은 허름한 피시방도 호텔 부럽지 않고, 5시간도 5분처럼 느낍니다. BTS를 사랑하는 팬이라면 BTS를 주제로 밤샘 토론도 할 수 있습니다.

말하기 위해 애쓰지 말고 뇌를 움직이는 게 먼저입니다. 뇌는 자극, 활동, 재미에 반응합니다. 새로운 것을 많이 경험하고 부지런히 움직이면, 무엇보다 내가 원하는 것을 할 때 뇌는 활발하게 움직입니다. 뇌가 활발하게 움직이면 활기찬 사람이 됩니다. 활기찬 사람의 힘은 말로 나옵니다. 그러니 이제부터는 열리지 않는 입을 탓하지 맙시다. 변화를 시도하지 않고 움직이지 않고 재미없는 삶을 방치한 자신에게 먼저 책임을 물어야 합니다. 말 못하는 입은 죄가 없습니다.

시민이 말하는
나라

 동훈이는 초등학교, 중학교를 함께 다닌 단짝 친구입니다. 친구들 사이에서 웃음의 블랙홀이 되는 친구가 있습니다. 동훈이가 그랬습니다. 말 한마디, 몸짓 하나로도 빵빵 터지게 만드는 친구였습니다. 신기한 건 그렇게 재미있던 동훈이가 발표로 앞에 서면 얼굴만 빨개지고 말을 못했습니다. 발표만 들으면 틀림없이 동훈이를 말 못하고 재미없는 친구로 오해했을 겁니다. 그러나 발표만 지나면 동훈이는 다시 우리들의 개그맨으로 돌아왔습니다.

 환경이 중요합니다. 개그맨 동훈이와 발표하는 동훈이는 똑같은 사람입니다. 환경이 달라졌을 따름입니다. 학교 가는 길의 동훈이는 개그맨이었지만, 교탁 앞 동훈이는 얼음이 된 것처럼 말입니다. 간혹 부모의 요청으로 청소년을 만날 때가 있습니다. 우리 아이가 말이 너무 없으니, 말을 잘할 수 있도록 해달라는 요청입니다. 그래서 청소년을 만나 보면 대부분 말을 잘합니다. 오히려 부모의 걱정과는 반대로 말이 너무 많아서 문제가 될 정도로 말입니다. 아이가 말을 못하는게 아니라, 말할 환경이 갖춰지지 않았기 때문입니다. 수영장에 충분히 물을 채우지 않고 수준 높은 다이빙을 요구한 격입니다.

시민에게 말할 기회를 주는 나라가 되면 좋겠습니다. '민주주의와 참여'라는 구호는 넘쳐나는데 선거 말고는 표현할 기회가 없습니다. 듣는 기회는 많은데 도무지 말할 기회가 없습니다. 설명회, 공청회, 간담회 심지어 토론회마저 듣는 자리가 됩니다. 심각한 불균형입니다. 먹는데 소화를 시켜서 몸 밖으로 내보내지 못하면 어떻게 될까요? 몸은 생존을 위해 먹는 것을 거부하거나 최소한의 영양 섭취만 합니다. 들었으면 말해야 합니다. 듣고 말하지 못하면 쌓이고, 언젠가는 폭발합니다. 그나마 폭발도 못 하는 우리 아이들은 그래서 흘려듣는 겁니다. 예의 없어서가 아니라 듣기와 말하기의 균형을 맞추려는 본능적인 행동입니다.

리더를 지시하는 사람으로 오해합니다. 지시하는 사람의

최고봉이 독재자입니다. 아이디어를 내라고 지시하면 안 된다는 말입니다. 그건 초등학생도 할 수 있는 말입니다. 성숙한 리더는 새로운 아이디어가 나오기 위한 환경을 만드는 사람입니다. 맹자의 어머니가 세 번 이사했던 것처럼 말입니다. 말의 민주주의를 이끌어갈 리더의 중요한 덕목입니다. 과거의 리더는 말을 잘하는 사람이었습니다. 감동적인 연설로 청중을 휘어잡고 행동하게 했습니다. 그 힘으로 조직에 바람을 불러일으켰고 사회를 변화시켰습니다. 하지만 여기까지입니다. 새로운 시대는 다릅니다. 리더는 말하게 만드는 사람입니다. 그렇다고 무조건 말하라고 밀어붙이는 또 다른 독재가 아닌, 말할 기회를 만들어 주는 사람입니다.

경제가 좋아져야 합니다. 복지도 확대하고 사회안전망도 더 촘촘해져야 합니다. 외교와 안보는 기본입니다. 하지만 사람은 이것만으로 살맛이 나지는 않습니다. 말해야 합니다. 하소연이란 말이 있습니다. 상황이 달라지지는 않아도 말하는 것만으로도 견딜힘이 생깁니다. 눈앞의 불합리에도 불구하고 생계 때문에 사표를 내지 못하면, 어디다 하소연이라도 해야 합니다. 쉬는 시간에 동료와 뒷담화를 나누고 퇴근 후에는 본격적인 성토대회를 열어야 합니다. 그렇게라도 쏟아내야 머리와 가슴에 가득 찬 분노, 우울, 슬픔의 방에 숨통이 트입니다. 숨을 쉬어야 삽니다.

시민들이 말하는 나라가 선진국입니다. 시민이 문화를 말하는 나라가 문화강대국입니다. 시민이 자유롭게 말하는 나라가 자유 민주주의 국가란 말입니다. 이제라도 시민에게 말할 기회를 줘야 합니다. 글을 쓰고 보니 괜한 말을 했다는 생각이 듭니다. 아무리 생각해도 가만히 있는데 저절로 만들어 줄 리는 없을 것 같습니다. 다시 써야겠습니다. 시민이 말할 기회를 우리가 만듭시다. 나부터 자녀에게, 친구에게, 동료에게, 팀원에게 말할 기회를 줍시다. 말의 민주주의는 그런 나로부터 시작됩니다.

3장

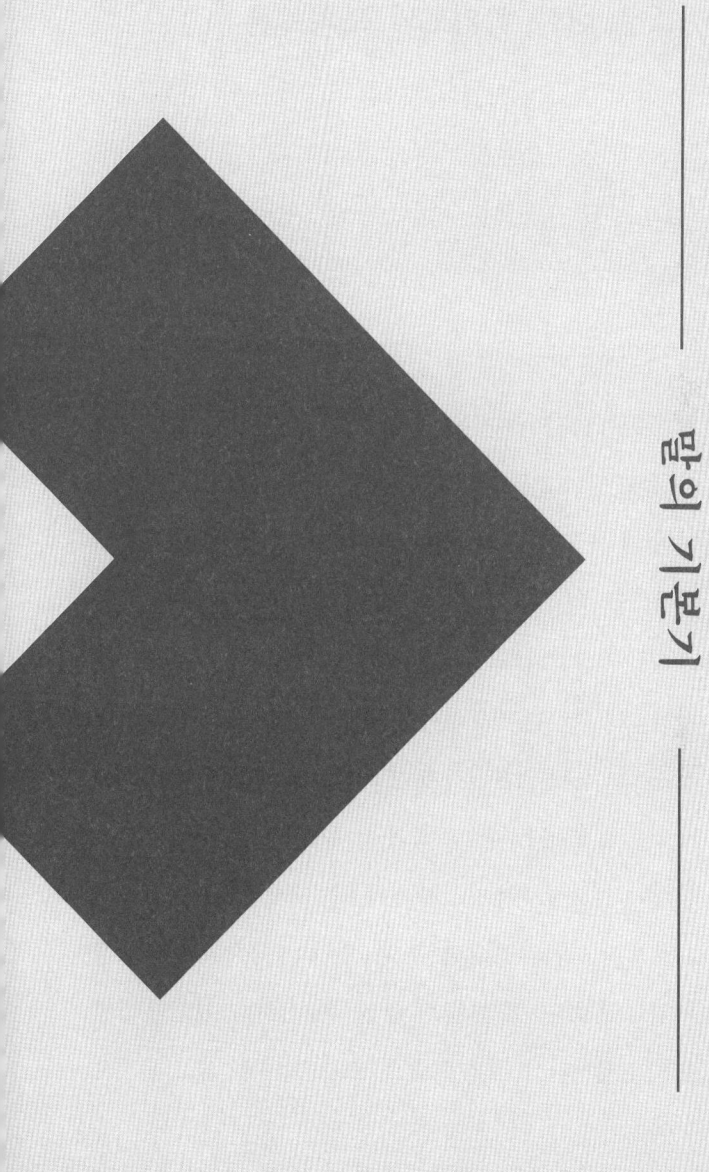

말의 기본기

표현, 대화, 회의토의, 토의토론

 민주주의를 말하면 꼭 세트로 나오는 단어가 '토론'입니다. 듣고 말하고 공유하고 합의하는 모든 과정이 토론에 담겨 있기 때문입니다. 토론을 요리로 비유하면 코스요리입니다. 요리의 기본기와 경험이 충분히 쌓여야 할 수 있는 최상위 기술입니다. 칼질도 못하고 라면 정도 끓이는 사람에게 코스요리는 아무리 설명해도 버거운 요리입니다. 마찬가지로 말의 기본기가 없는 사람에게 토론은 애당초 불가능한 일입니다. 억지로 토론을 시도해도 싸움 아니면 침묵입니다. 칼질부터 차근차근 배우는 게 먼저입니다.

 첫 번째 기본기는 표현입니다. 먼저 내 생각과 감정을 정확하게 전달하는 표현을 할 줄 알아야 합니다. 표현의 방법은 다양합니다. 노래와 그림으로 표현할 수도 있고 몸짓으로 대신할 수도 있습니다. 사람은 온몸으로 생각과 감정을 표현합니다. 굳이 말하지 않고도 표정만으로 싫다는 표현을 합니다. 몸에서 대표적인 표현기관이 입과 손입니다. 생각과 감정을 손으로 표현하면 '글'이고 입으로 표현하면 '말'입니다. 그래서 말과 글은 한 몸입니다. 말을 잘하면 글을 잘 씁니다. 글을 잘 쓰면 말을 잘합니다. 만약에 말을 잘하면서 글을 잘 쓰지 못한다면 말만큼 글을 많이 쓰지 않았기 때문입니다. 충분한 기회가 주어진다면 말과 글은 같아집니다. 토론에서 주로 사용하는 표현 수단은 '말'입니다. 글로도 토론은 가능하지만, 말에 비하면 많은 시간을 써야 합니다. 토론은 '말'을 사용합니다. 그래서 내 말이 있어야 합니다. 말을 하지 못하면 토론은 누군가의 독백이 되거나 강의가 됩니다.

둘째로 대화가 되어야 합니다. 토론에는 상대가 있습니다. 혼자서 찬반을 나눠서 토론할 수도 있겠지만, 그것도 1인 2역으로 대화의 상대를 만드는 것입니다. 토론하려면 대화의 상대가 있어야 하고, 상대와 대화가 가능해야 합니다. 대화가 되지 않으면, 토론이란 형식을 빌려서 서로 독백하는 것과 같습니다. 한국 사회에 만연한 나쁜 토론의 전형적인 모습입니다. 대화는 말을 주고받아야 성립됩니다. 아이들의 끝말잇기를 생각하면 쉽습니다. 상대의 말에 이어서 말해야 합니다. 상대방이 커피를 말하면, 나의 말도 커피로 시작되어야 합니다. 그렇지 않고 감자탕 이야기를 한다면, 그것으로 대화 끝입니다. 굳이 만나서 각자의 음식 얘기만 하는 자리가 됩니다.

셋째는 회의와 토의가 되어야 합니다. 토론의 가장 큰 오해는 상대를 이겨야 한다는 것입니다. 그러니까 자꾸 토론하면 싸우고, 시간만 낭비합니다. 토론은 다름을 확인하고, 차이를 줄여가는 과정입니다. 필요에 따라서는 주어진 시간과 자원 안에서 최선의 대안을 만드는 선택과 합의입니다. A와 B 중에서 양자택일만이 토론이 아닙니다. A1이나 C와 같은 대안을 만드는 것도 토론의 중요한 목적입니다. 그래서 회의와 토의를 할 줄 알아야 합니다. 다른 생각들에서 공통점을 찾아내고 의견을 모아가는 과정을 할 줄 알아야 싸우는 토론을 피할 수 있습니다. 의견을 모은다는 점에서 회의와 토의는 같습니다. 토의는 발산하고 회의는 수렴한다는 방법의 차이, 회의가 결정 사항을 공식화하는 효과가 더 크다는 정도의 차이는 있지만 회의와 토의를 굳이 구분할 필요는 없습니다. 회의가 토의가 되고, 토의하다가 회의로 결론을 짓기도 합니다. 그래서 회의와 토의를 구분하지 않고 '회의토의'라는 용어도 가능합니다. 회의토의를 할 수 있다면 이제 기본기는 갖췄습니다.

마지막이 '토의토론'입니다. '토의토론'이라고 굳이 붙여서 사용한 이유가 있습니다. 토론이라고 하면 TV 백분토론을 생각하기 쉽습니다. 토론도 방법이 다양한데 꼭 찬반을 나눠서 경쟁하는 방식만 토론으로 생각합니다. 토론 문화가 없이 미디어로만 토론을 접해서 생기는 오해입니다. 일상에서 그런 토론을 사용하는 때도 매우 드뭅니다. 대게는 토의하다가 토론하고, 토론하다가 토의합니다. 예를 들어 가족 여름휴가를 정한다고 생각해 보시죠. 누가 일방적으로 정하지 않는다면 어디를 가고 싶고 무엇을 하고 싶은지 각자의 생각을 말합니다. 대화로 의견을 모으는 '회의토의' 단계입니다. 최종 장소로 계곡과 바다가 팽팽히 맞섭니다. 부모님은 계곡을 자녀들은 바다를 주장합니다. 부모님의 뜻을 일방적으로 따르거나 아이들을 위해서 포기하지 않고 민주적으로 결정하기 위해서는 어디로 갈지를 논의해야 합니다. '회의토의' 단계에서 '토의토론' 단계로 접어든 것입니다. 치열한 '토의토론'으로 어렵게 바다로 결정했다면 다음은 어떤 바다로 갈 것인가를 놓고 다시 의견을 나눕니다. '토의토론' 단계에서 '회의토의'로 전환입니다. 가족의 여름휴가 논의에서도 대화, 회의, 토의, 토론이 복합적으로 사용됩니다. 하물며 쟁점이 있는 사회 이슈를 주제로는 얼마나 많은 시간의 대화, 회의, 토의, 토론이 필요할까요?

자신을 표현할 줄 아는 사람이 다른 사람과 대화할 수 있습니다. 대화할 수 있는 사람들이 모여야 '회의토의'가 제대로 이뤄집니다. '회의토의'의 충분한 경험이 쌓여야 민주주의 꽃이라는 '토의토론'을 할 수 있습니다. 천 리 길도 한 걸음부터입니다. 지금부터 표현, 대화, 회의토의, 토의토론의 기본기를 하나씩 쌓아봅시다.

아는 만큼 느낀 만큼 말하기

리얼 예능이 대세입니다. 과거처럼 약속된 각본과 유행어로 시청자를 웃기는 시대가 아닙니다. 리얼이 아니면 바로 채널이 돌아갑니다. 심지어 리얼 프로그램이라도 현실감이 떨어지면 예외 없습니다. 말의 세계에서도 리얼이 중요합니다. 준비된 말이 대세였던 시절이 있었습니다. 대통령의 연설과 교장 선생님의 훈화처럼 준비해야 했습니다. 웅변학원이란 곳에서 일상생활에서 쓰지 않는 말과 어투를 배우기도 했습니다. 지금 그렇게 말하면 이상한 사람이 됩니다. 듣는 사람의 채널이 여지없이 돌아갑니다. TV처럼 리모컨으로 채널을 돌릴 수는 없으니 듣는 척하면서 다른 생각을 합니다. 관심은 다른 곳으로 떠난 지 오래입니다.

말의 힘은 기교가 아니라 솔직한 표현에 있습니다. 솔직한 말을 생각하면 노무현 대통령이 떠오릅니다. 너무 솔직해서 탈도 많았고, 어떤 때는 지지층마저 불안하게 했습니다. 시간이 흐른 지금 돌아보면, 노무현 대통령의 업적에 대한 찬반은 있어도 솔직했다는 데에는 이견이 없습니다. 말의 내용에는 반대해도 솔직한 형식은 인정한다는 말입니다. 그동안 정치인에게서 듣지 못한 노무현 대통령의 솔직하고 소박한 말에는 힘이 있었습니다. 말이 리얼 했기에 가능한 일입니다. 이어령 교수는 '한국인 이야기'에서 리얼한 말을 '막 이야기'라는 개념으로 설명합니다.

병과 망령이 나서가 아니라 평생 내 글 속에서는 한 번도 써 본 적이 없는 똥이란 말을 거침없이 노출한 것이 한 예라고 볼 수 있어요. 누군가 내 젊은 시절 문장을 읽고 로션 냄새가 난다고 했지만, 이번에는 두엄 냄새가 난다고 비판할지도 모르지요. 평소에 잘 쓰던 외국 이론들도 되도록 겉에 노출하지 않으려고 애썼지요. 그 대신 지금까지 우리가 천시하고 기피해 온 속된 말, 막 이야기, 막 문화를 바탕으로 한 '막 인문학'을 개발하자고 생각했지요. 조금 문법적으로 어긋나는 구술 원고도 그대로 살려 한국 토박이말의 입맛을 되찾으려 한 경우도 있고요.

– 『한국인 이야기』, 이어령, p426

  이어령 교수는 한국인 이야기의 원동력은 막사발, 막춤의 막 문화라고 말합니다. 정제되지 않고 있는 그대로의 문화가 한국인 이야기의 힘이라고 역설합니다. 말의 세계에서도 그동안 잃어버린 '막 이야기'를 되살려야 합니다. 그래야 마음을 나누는 대화가 되고, 의미 있는 회의와 토론을 할 수 있습니다. 이런 주장을 펼치지 않아도 사람은 원래 가까운 사람과는 '막 이야기'를 실천합니다. 고민이 많을 때 친구에게 '아, 나 돌아버리겠어'라고 말합니다. '친구야, 나는 지금 정신적으로 매우 심한 스트레스를 받아서, 일상생활에 제약을 받는 감정적 고착 상태에 빠졌어'라고 말하는 친구 없습니다. 이렇게 말하는 친구가 있다면, 스트레스가 심해서 진짜로 이상하게 된 겁니다.

  후자는 길고 자세하게 이야기했지만, 메시지가 전달되지 않습니다. 멋진 단어들을 열거했는데도 소통 점수는 빵점입니다. 전자는 거칠고, 세련되지는 않았지만 메시지는 완벽히 전달됩니다. 소통 점수 만점이죠. 우리가 대화, 회의,

토의, 토론에서 쉽게 범하는 실수입니다. 아니 실수라고 말하기에는 너무 큰 장벽입니다. 이 벽을 넘지 않고서는 목표한 것을 얻지 못합니다. 힘들어도 함께 넘어 봅시다.

첫째, 자기검열의 안전장치를 뽑아야 합니다. 글을 잘 쓰려면 우선 많이 써야 합니다. 처음부터 완벽한 문장을 만들려고 욕심을 부리면 진도가 나가지 않습니다. 첫 줄을 고치고 또 고치다가 글을 미루고 그러다가 포기합니다. 우선은 떠오르는 생각을 글로 많이 옮겨야 합니다. 문장을 교정하고 다듬는 일은 다음 단계입니다. 헤밍웨이도 자신의 처음 글을 쓰레기라고 했다고 합니다. 말도 마찬가지입니다. 멋진 말과 논리적인 말을 생각하지 말고, 떠오르는 생각을 입을 열어 바깥세상에 내놓아야 합니다.

한국 사회는 유독 강력한 자기검열 장치가 만연해 있습니다. 그동안 받았던 잘못된 학교 교육과 문화의 영향이 큽니다. 학교 선생님에게 질문했던 기억이 있나요? 한국의 교육은 철저히 정답만을 요구합니다. 정답이 아니라면 입을 다물어야 합니다. 정답만을 생각한 오랜 습관이 자기검열 장치로 굳어졌습니다. 틀릴 것에 대한 두려움까지 더해져서 말입니다. 군사정권 시절의 자기검열은 말할 것도 없습니다. 아침이슬과 고래사냥이 금지곡이 되던 시절이니 더 말할 것도 없습니다. 세련되게 표현하지 않아도 괜찮습니다. 정답이 아니어도 상관없습니다. 우선은 내 속에 있는 생각과 감정의 날 것을 있는 그대로 표현하는 것이 먼저입니다. 참 쉽지 않은 일입니다. 오랜 시간 동안 만들어진 자기 검열 장치는 쉽사리 멈추지 않습니다. 훈련이 필요합니다.

간단한 훈련 방법 하나를 소개합니다. 말하기와 토론 교육을 시작할 때, 꼭 '아무말대잔치' 시간을 가집니다. 방법은 둘이 짝을 짓고 번갈아 진행자가 제시한 주제에 관해서 말하는 것입니다. 조건은 1초 이상 말만 멈추지 않으면 됩니다. 처음에는 대부분 '음~~'으로 시작합니다. 그러면 일단 중지시킵니다. 멈추면 안 되고, 생각하지 말고 우선 입을 열라고 독려합니다. 내용이 중요하지 않아서 주제는 무엇이든 괜찮습니다. 핸드폰, 월급, 사랑, 노동, 결혼, 첫사랑 등 주제가 이어지면 조금씩 참석자들에게 변화가 생깁니다. 생각을 포기하고 '에라 모르겠다'라는 심정으로 아무 말이나 하기 시작합니다. '아무말대잔치'가 효과를 발하는 순간이자 이어령 교수가 말하는 '막 이야기'가 전개되는 전환점입니다. '아무말대잔치' 시간이 지나면 참석자의 표정이 바뀌는 신기한 경험을 합니다. 긴장된 얼굴에서 살아 숨 쉬는 표정이 나옵니다. 그만큼 마음이 편해졌다는 증거입니다. 이런 분위기가 만들어지면 대화, 회의, 토의, 토론이 한결 쉬워집니다. 건강한 밭이 있으니 무엇을 심든지 열매를 맺습니다.

둘째, 답이 없는 쉬운 주제부터 시작합니다. 친한 사이가 되기까지는 정답을 말하려고 부단히도 애를 씁니다. 틀리는 것이 부끄러워서 그렇습니다. 틀릴 지도 모른다는 부끄러움은 두렵기까지 합니다. 두려움을 느끼면 몸과 마음이 경직됩니다. 근본적인 해결 방법은 틀려도 부끄럽지 않은 가까운 관계가 되는 것이지만 짧은 시간에 가까운 사이가 될 수는 없습니다. 충분한 시간이 필요하지만 시간을 조금 줄일 수는 있습니다. 답이 없는 쉬운 주제로 대화를 시작하는 겁니다.

"가장 많은 앨범을 판매한 가수는 누구일까요?"

"좋아하는 가수는 누구인가요?"

앞의 질문에는 답이 있습니다. 답을 알고 있다면 다행이지만, 모르면 답답하고 대화가 이어지지 않습니다. 반면에 다음 질문에는 답이 없습니다. 답이 없으니까 내 생각을 두려움 없이 말할 수 있습니다. 좋은 밭에서 좋은 말이 나옵니다. 팀장님이 무섭게 쏘아보는 회의에서 획기적인 아이디어가 나올 리 없습니다. 답이 없는 주제로 실컷 말하고 나면, 입에는 관성이 생겨서 답이 있는 주제에도 조금 더 쉽게 입이 열립니다.

어떤 사람과 친구가 되고 싶냐는 질문에 꼭 나오는 대답이 '솔직한 사람'입니다. 반대로 겉과 속이 다른 이중적인 사람이 제일 싫다고 말합니다. 그래서 생각을 정확하게 감정을 솔직하게 전하는 것은 '말의 민주주의'를 위한 걸음마입니다. 처음부터 달리는 사람 없습니다. 오늘 만나는 가족에게 어색해도 솔직한 말로 한 걸음을 걸어봅시다. 배 위에서 막 건져 올린 생선으로 해 먹는 회만 한 것이 없다고 하죠. 가장 맛있는 대화는 날 것의 솔직한 말입니다.

눈과 손으로 말하기

읽고 썼다. 그리고 살았다. 내 인생은 이 단문 두 개로 요약할 수도 있다. 내 삶은 다른 세상을 꿈꾸며 읽은 것과 쓴 것의 누적으로 이루어졌다. 나는 쓴 것과 쓰지 못한 것 사이에 있다.

– 『나를 살리는 글쓰기』, 장석주, p9

작가는 자신의 삶을 '읽고 쓰기'로 요약합니다. 읽기가 배움과 경험이라면, 쓰기는 표현입니다. 작가의 삶만이 아니라 사람은 각자의 모습으로 표현하며 살아갑니다. 음악, 요리, 그림, 무용, 보고서 표현 방법의 차이는 있지만 읽고 쓰는 방식은 똑같습니다. 어떤 도구로 어떻게 표현하느냐만 다릅니다. 그래서 표현은 삶을 평가하는 중요한 기준이 됩니다. 경제적 기준에 따르면, 돈을 많이 번 사람을 잘살았다고 말합니다. 마찬가지로 표현을 기준으로 삼으면, 표현을 많이 한 사람이 잘 산 겁니다. 자신만의 방식으로 자유롭게 표현한 사람이 주체적 인간입니다. 돈을 많이 벌고 사회적 지위가 높더라도, 자기 생각과 감정을 자유롭게 표현 못 하면 잘 산다고 말하지 못합니다.

특히나 말을 도구로 사용하는 민주적 말하기에서는 표현이 절대적인 요소입니다. 참여자 모두가 예외 없이 표현해야 모임의 목적이 달성됩니다. 아니면 아무리 좋은 의도로 많은 것을 준비했어도 시작도 못 한 것입니다. 누구나가 언제 어디서나 마음껏 표현하면 좋겠지만, 훈련된 능숙한 소수를 제외하면 자유로운 표현이 익숙하지 않습니다.

익숙하지 않은 환경을 돌파하는 무기가 용기입니다. 군사정권의 독재에 가만히 있지 않고, 독재 타도를 외쳤던 용기 말입니다. 크게는 사회문제와 생존의 문제 앞에서, 작게는 나의 사사로운 의견 제시를 위해 용기를 내야 합니다. 다수의 침묵에 독재가 자유롭게 활개 치는 것처럼, 모임 구성원이 침묵하면 소수가 독주하는 길이 열립니다. 내 표현을 위해서 용기가 필요하다면 다른 사람의 자유로운 표현을 위해서는 배려가 필요합니다. 내 표현만큼 다른 사람의 표현을 중요하게 생각하는 마음이 배려입니다. 다른 사람이 자유롭게 표현할 수 있는 분위기를 만들고, 질문으로 기회를 주는 행동이 배려입니다.

용기와 배려로 표현의 밭을 만들었다면, 이제 구체적인 표현법을 생각해 봅시다. 표현법에 대해서는 참조할 많은 책과 영상이 있습니다. 말의 민주주의에서는 한 가지만 강조하겠습니다. 민주적 말하기의 기본이 되는 표현에서 집중할 기관이 '눈'입니다. 음성은 입으로 나가서 귀로 들어옵니다. 메시지는 다릅니다. 메시지는 눈으로 나가서 눈으로 들어옵니다. 대화에서 필요한 것은 음성이 아니라 메시지입니다. 눈에 집중해야 합니다. 눈빛만 봐도 아는 사이라는 말이 있는 것처럼요. 갓난아이와 엄마는 눈으로 대화합니다.

민주적인 말하기는 특히 눈이 중요합니다. 친구와의 농담, 지인과의 담소와 다르게 우리에게는 분명한 목적이 있기 때문입니다. 목적 달성을 위해서는 얼마나 의미 있는 메시지가 오갔느냐가 관건입니다. 메시지의 전달을 위해서 먼저 눈을 제대로 사용해야 합니다. 말하는 사람의 시선이 중요합니다. 말하는 사람의 시선이 흐트러지면, 메시지도 덩달아 사라집니다. 땅을 보면서 사랑을 고백하지 않습니다. 고백은 사랑하는 사람의 눈을 보면서 합니다. 땅이나 허공을 보면서 말하면 퇴짜 맞습니다. 사람을 보고 눈으로 말해야 합니다.

청년 채용 면접을 위한 면접관 활동의 경험이 있습니다. 면접관 활동을 하면서 시선의 중요성을 다시금 절감하게 되었습니다. 아무리 좋은 내용이라도 시선이 흩어지면, 말의 힘이 떨어지고 신뢰가 가지 않습니다. 반면에 조금 말을 더듬고 조리 있게 말하지 못했어도 시선이 정확하면, 신뢰감을 줍니다. 면접은 짧은 시간입니다. 짧은 시간에 말과 태도로 앞으로의 생활을 예측합니다. 그래서 면접을 준비하는 청년에게는 시선의 중요성을 꼭 말해 줍니다. 유창하게 말하려 애쓰지 말고, 말의 내용을 충실히 담아서 눈으로 말하는 연습을 해보라고요. 최소한 시선을 떨구는 자신도 모르게 하는 치명적 실수는 피하라고요.

반대로 다른 사람을 위해서 눈을 사용할 수도 있습니다. 모집단의 집체교육은 강사들의 무덤이라고 합니다. 그 강사들의 무덤에서 교육했을 때의 경험입니다. 왜 무덤이라고 표현하는지 앞에 서면 실감합니다. 심하게 표현하면 교육생이 미술학원의 흰색 석고상으로 보일 정도입니다. 어떤 말과 제스처에도 반응하지 않습니다. 차라리 잠이라도 잤으면 좋으련만 미동도 없이 눈만 껌뻑입니다. 그러면 심장이 쪼여오고 머리가 하얘지면서 말문이 막힙니다. 그럴 때는 빨리 사람을 찾아야 합니다. 그 사람은 어렵지 않게 찾을 수 있습니다. 교육하면서 강단 왼쪽에서 오른쪽으로 이동하면 됩니다. 강사의 동선을 따라서 고개와 시선이 움직이면 사람입니다. 사람을 찾았으면 그때부터는 그 사람에게 시선을 맞춥니다. 그러면 숨이 쉬어지고 하얗던 머리가 채워지고 말이 나옵니다.

상대의 표현을 돕는 비법이 여기에 있습니다. 말하는 사람의 눈을 쳐다보는 겁니다. 말하는 사람의 눈을 봐주는 것만으로도 상대의 표현을 끌어낼 수 있습니다. 왜 회사에서 회의만 하면 잠이 오는지 아시겠죠. 서로 눈을 보지 않고 말해서 그렇습니다. 말하는 사람은 자료를 보고, 듣는 사람은 기록하는 척하면서 눈이 마주치지 않습니다. 눈이 마주치지 않으니 메시지가 전달되지 않고, 메시지가 없으니 똑똑한 뇌는 그리 중요한 시간이 아니라고 판단합니다. 중요한 시간이 아니니 에너지를 아끼는 차원에서 수면 모드로 들어가는 수밖에요.

　핸드폰을 보면서 입으로만 '그래, 알았어' 대답하지 말고 자녀의 눈을 봐야 합니다. 자료를 보느라 글로 담기지 않은 중요한 메시지를 놓치지 말고 팀원의 눈을 봐야 합니다. 메시지는 '눈'이라는 다리로 이어집니다. '눈'만큼 표현에 영향을 미치는 기관이 '손'입니다. 말보다 비언어적인 표현으로 더 많은 메시지가 전달된다는 것은 잘 알려진 사실입니다. 사람은 입으로만 말하지 않습니다. 몸 전체를 활용해서 말합니다. 그중에서 '손'은 메시지의 뜻을 분명하게 해주는 가장 강력한 표현 도구입니다. 누군가 여러분에게 길을 물었습니다. 길을 알려줄 때 뒷짐 지고 말하는 것과 손으로 방향을 가리키며 말하는 것 사이에는 큰 차이가 있습니다. TV 토론 프로그램에서 설득력 있는 패널을 보면 손 사용이 매우 자연스럽습니다. 말을 풀어갈 때, 주의를 집중시킬 때, 강조할 때 어김없이 손이 움직입니다. 패널의 설득력은 자연스러운 '손' 사용과 비례합니다. 확인하고 싶다면, TV 토론 프로그램을 소리 없이 무음으로 시청해 보세요. 내용을 몰라도 토론의 향방을 분명하게 알 수 있습니다. 사람은 감정적으로 설득당하고 이성적으로 설득의 이유를 찾는다고 합니다. 말의 세계에서도 똑같이 적용할 수 있는 말입니다. 사람은 손에 설득당하고 소리에서 설득의 이유를 찾습니다.

표현의 중요한 기관으로 '눈'과 '손'을 강조했습니다. 연애는 현란한 말로 이뤄지지 않습니다. 풍성한 콘텐츠와 논리로 말을 전한다고 상대의 마음이 움직이지 않습니다. 연애에는 말보다 앞서는 것이 있습니다. 사랑은 먼저 눈에서 시작됩니다. 어느 순간 그 사람이 눈에 들어옵니다. 이유는 모릅니다. 설명할 수도 없습니다. 눈에서 시작된 사랑은 손으로 완성됩니다. 밀고 당기는 과정을 거쳐서 누군가의 사랑 고백에 답하면 손을 잡고 걷게 됩니다. 흡사 계약서에 쌍방이 도장을 찍는 것처럼 맞잡은 손이 둘의 관계를 말해 줍니다. 물론 키스로 답할 수도 있겠지만, 뒷짐 진 키스는 어색합니다. 누가 설명해 주지 않아도, 학원에서 배우지 않았는데도 사람들은 자연스럽게 눈으로 시작하여 손으로 사랑을 확인합니다.

이렇게 자연스럽게 눈과 손을 사용하던 사람도 토론 자리에 나오면, 갑자기 이상한 행동을 합니다. 시선은 원고와 허공에 떠다니고 손은 흡사 책상 밑에 묶어 둔 것처럼 움직이지 않습니다. 토론에서 말 잘하려고 애쓰지 말고, 사랑하는 사람과의 기억을 떠올려 봅시다. 따뜻한 시선과 체온이 전해지는 손길을 기억한다면, 여러분은 이미 준비된 토론자입니다. 그러나 사랑하는 사람이 떠오르지 않고 기분 나쁜 추억만 생각난다면 이 방법은 추천하고 싶지 않습니다. 토론에 앞서 굶주린 사자처럼 공격성만 잔뜩 생길 테니까요.

서론 말고
핵심

 여러분이 지난달에 회사를 창업했다고 생각해 봅시다. 아이디어는 좋은데 자본금이 부족합니다. 몇 번이고 만나려고 시도했던 투자사와의 미팅은 차일피일 미뤄지고 있습니다. 그러던 어느 날 오후에 점심을 먹고 사무실로 올라가는 엘리베이터 안에서 그토록 만남을 고대하던 투자사 대표를 우연히 만났습니다. 투자사 대표는 기분이 좋았는지 먼저 인사를 건네면서 회사 사정을 물어오기까지 합니다. 절호의 기회입니다. 그러나 야속하게도 허락된 시간은 엘리베이터가 올라가는 일 분이 채 되지 않습니다. 어떻게 이 절호의 기회를 살릴까요?

 말하기 연습 중에 엘리베이터 스피치가 있습니다. 짧은

시간에 중요한 메시지를 전달하는 훈련입니다. 우리는 회사와 가정에서 엘리베이터 스피치를 사용하고 있습니다. 시간에 쫓기는 현대인에게는 어쩌면 대부분의 말하기가 엘리베이터 스피치입니다. 편안한 장소에서 충분한 시간동안 차 한잔을 곁들인 대화는 이제 사랑하는 연인과 가족 사이에도 힘든 일이 되었습니다. 대화건 회의건 토론이건 정해진 시간이 있습니다. 그나마 내가 모두 사용할 수 있는 시간도 아닙니다. 정해진 시간도 짧은데 다른 사람과 다시 나눠야 합니다. 시간을 잘 못 사용하면, 중요한 말은 시작도 못 하고 변죽만 늘어놓고 끝나기 쉽습니다.

그래서 핵심 말하기가 중요합니다. 말을 잘한다는 것은 결국 핵심을 얼마나 상대에게 설득력 있게 전달했느냐로 평가됩니다. 말을 잘하는 사람은 짧건 길건 주어진 시간에 자신이 전하고 싶은 메시지를 전달합니다. 반대로 말 못 하는 사람은 아무리 시간을 많이 줘도 결국 메시지를 전달하지 못합니다. 여행을 주제로 소그룹 활동을 하면 말 잘하는 사람은 일 분의 여행 이야기에도 서론, 본론, 결론이 있습니다. 듣는 사람에게 '좋았겠다. 나도 가고 싶다'는 공감을 일으킵니다. 반면에 어떤 사람은 일 분을 주면 공항도 가지 못하고 아무말대잔치를 하다가 끝납니다. 그런 사람에게는 십 분을 줘도 마찬가지입니다. 시간을 많이 줄수록 듣는 사람의 괴로움만 더해집니다. 율곡 이이는 '성학집요'에서 핵심의 중요성을 강조합니다.

 후세에 도학이 밝지 않고 행해지지 않는 문제에 대해서는 널리 독서를 하지 못하는 것을 걱정할 것이 아니라 이치를 정확하게 살피지 못하는 것을 걱정해야 하며, 지식과 견문이 넓지 못한 것을 걱정할 것이 아니라 독실하게 실천하지 못하는 것을 걱정해야 합니다. 이치를 정확하게 살피지 못하는 것은 요점을 깨닫지 못했기 때문이며, 독실하게 실천하지 못하는 것은 정성을 다하지 않았기 때문입니다. 요점을 깨달은 뒤에야 그 의미를 알고, 의미를 안 뒤에야 정성을 다할 수 있습니다. 신은 오래전부터 이 점을 강조했습니다.

- 『성학집요』, 율곡 이이, p11

 율곡 이이는 요점을 강조합니다. 요점을 깨달아야 의미를 알고, 의미를 알아야 실천할 수 있다고 힘주어 말합니다. 책 제목이 성인들의 학문을 요약해서 모았다는 의미의

'성학집요'일 정도로 말입니다. 핵심을 말해야 합니다. 핵심을 말하지 않는 것은 소극적으로는 내 생각을 전달하지 못한 아쉬움이고, 적극적으로 해석하면 다른 사람의 귀중한 시간을 빼앗는 죄가 됩니다. 무슨 죄까지라고 생각할 수 있겠지만, 그만큼 경각심을 가졌으면 좋겠습니다. 시간은 생명 아닌가요? 시간을 빼앗으면, 다른 사람의 생명에 피해를 준 것과 같습니다. 실제로 핵심 없는 말을 길게 들었을 때를 생각해 보면, 이 말이 과장만은 아니라는데 동의할 것입니다. 듣는 것만으로도 몸에 힘이 쭉쭉 빠지고, 답답하면서 짜증이 치밀어 오릅니다. 생명에 득이 되지 않습니다. 핵심 없는 말을 오래 듣는 것만큼 정신 건강에 나쁜 것도 없습니다.

그러면 어떻게 핵심을 전할 수 있을까요? 질문에 답이 있습니다. 핵심을 전하기 위해서는 먼저 핵심을 찾아야 합니다. 핵심을 효과적으로 전하는 것은 다음 단계입니다. 핵심이 있어야 핵심을 전할 수 있습니다. 먼저 진리가 단순한 것처럼 핵심도 간결하다는 사실을 알면 도움이 됩니다. 절대로 핵심은 길지 않습니다. 사랑 고백을 생각해 보세요. 미사여구를 모두 빼고 핵심을 추리고 추리면, '나는 너를 사랑해'로 요약됩니다. 군더더기 없는 핵심입니다. 많은 말보다 핵심이 담긴 말을 해야 합니다. 말하기에 앞서서 생각 정리가 중요한 이유입니다. 핵심을 찾아서 한 문장으로 만들면 90%는 완성입니다.

다음으로 핵심을 전달하는 방법입니다. 핵심을 두괄식으로 전달하는 방법을 추천합니다. 내 글을 읽는 독자나 내 말을 듣는 청중의 인내심은 여러분의 생각 이상으로 매우 부족합니다. 그렇게 생각하고 전달해야 합니다. 상대를 무시하는 게 아니라 사람의 본능이 그렇습니다. 듣는 것보다는 말하는 것이 좋기 마련입니다. 남의 여행 이야기를 듣는 것보다 내 이야기를 할 때 더 신나고 시간 가는 줄 모릅니다. 들을 때는 자신도 모르게 말할 때보다 집중력이 떨어집니다. 그래서 두괄식을 추천하는 것입니다. 물론 두괄식 말고 기승전결로 스토리를 끌어갈 수 있다면 좋겠지만, 그건 영화처럼 세련된 편집과 음악이 더 해져야 가능한 일입니다. 그런 보조 도구가 없고 스토리를 전달하는 능력이 부족하다면 우선 중요한 것을 먼저 말해야 합니다. 서론이 길어지면 상대방의 집중력은 현저히 떨어지고 뒤에 아무리 의미 있는 말을 전해도 효과가 반감됩니다.

중요한 말일수록 상대방의 집중력이 살아 있는 초반에 던져야 합니다. 충분한 예시와 논거를 전하고 '그래서 제 결론은 이것입니다'라고 전달하는 것보다 먼저 '내 생각은 이것입니다'라고 선언한 후에 생각의 이유를 제시하는 것이 효과적입니다. 물론 훈련된 사람이라면 서두로 사람들의 흥미를 끌고 설득력 있는 논거로 전개한 후에 감동적인 결론으로 마무리하는 방식도 가능합니다. 전제는 훈련된 사람, TV에 나오는 사람들 경우입니다. 자신이 그런 사람이 아니라면, 두괄식 방법을 사용하면서 차츰 경험을 쌓는 게 지혜로운 선택입니다.

핵심을 전달하기 위해서는 미사여구와 형용사, 부사를 최대한 줄이면 도움이 됩니다. 말의 다이어트입니다. 중요한 말을 강조하기 위해서 으레 사용하는 표현이 있습니다. 진짜, 아주, 매우, 정말로 등이 대표적입니다. 톰 소여의 모험을 쓴 미국의 소설가 마크 트웨인은 '글에서 매우, 무척 등의 단어만 빼면 좋은 글이 완성된다'라고 말합니다. 내가 이런 표현을 많이 쓴다고 해서 강조되는 게 아닙니다. 현란한 한 상 차림보다 담백한 엄마의 집밥이 오래 기억되는 것처럼 말입니다.

민주적 말하기의 목적은 상대방을 흥분시키는 게 아니라 메시지를 정확하게 전달해서 서로의 생각을 확인하고 합의하기 위함입니다. 소설가 김훈은 담백한 단문 쓰기의 본보기입니다. 글쓰기 책에서 한 번쯤은 꼭 언급되는 사례입니다. 그 자신도 어느 매체와의 인터뷰에서 '주어와 동사로만 이뤄진 글을 쓰고 싶다'라고 할 정도로 그의 작품에서는 도통 미사여구를 찾기 어렵습니다. 신기한 일은 미사여구가 없는데도 감동이 밀물처럼 스며듭니다. 강조하지 않았는데도 읽는 속도를 늦추고 글에 집중하게 됩니다. 어떻게 핵심을 전달해야 하는지를 김훈의 작품이 분명하게 말해줍니다.

　말해야 한다는 압박과 말할 기회를 빼앗긴다는 초조함에 말을 늘어놓지 말고, 먼저 내가 전하고 싶은 말의 핵심을 생각해 봅시다. 핵심을 찾았다면, 군더더기 없는 핵심 문장으로 만들어서 선언하듯이 먼저 내뱉어 봅시다. 그런 다음 한숨을 돌리고 주장의 이유를 천천히 설명해 봅시다. 분명 여러분의 메시지는 이전과 다른 전달력이 생길 것입니다. 최소한 '나는 너를 매일 아침 어김없이 맺히는 햇살에 눈부신 이슬처럼 영원히 사랑해'라고 말을 늘리지는 맙시다. 마음이 담겨 있다면, '사랑해' 한 단어로도 충분합니다.

설명 말고
설득

 설명 말고 설득입니다. 설명은 내 중심이고 설득은 상대를 생각합니다. 그래서 설명은 지루하고, 설득은 끌립니다. 한 글자 차이인데 결과는 완전히 다릅니다. 설명이 필요할 때도 있지만 지금은 아닙니다. 민주적 말하기의 목적은 상대방이 모르는 정보를 알려주는 게 아니기 때문입니다. 그것은 학교와 학원, 책과 인터넷으로 충분합니다. 정보는 절대로 모자라지 않습니다. 정보의 양보다 질이 중요합니다. 구슬이 서 말이어도 꿰어야 보석이 되는 것처럼 정보를 잘 꿰어야 합니다. 그래야 보석이 되고 사람들이 찾게 됩니다. 구슬을 보석으로 만드는 기술이 설득입니다. 생각이 다른 상대를 설득해야 하는 때에 설명하는 실수를 합니다. 나만 그런 게 아니라 상대도 설명하고 있으니 좀처럼 진도가 나가지 않습니다.

'협상 바이블'의 저자인 류재언 변호사는 '우리는 감정적인 이유로 결정하고, 이후에 논리적인 이유를 댄다'고 말합니다. 설명보다 설득이란 말입니다. 그는 설득의 과정을 감정과 인식과 행동으로 설명합니다. 먼저 감정적으로 설득당하고 인식으로 생각하며 마지막으로 행동으로 표현한다는 것입니다. 논리적인 근거와 조리 있는 말에 설득될 것 같지만, 실제로는 그렇지 않습니다. 설명은 충분합니다. 이제 설득을 배워야 합니다.

첫째, 설득은 관계만큼 힘을 발휘합니다. 똑같은 말이어도 모르는 사람과 친한 사람의 말에는 차이가 있습니다. 똑같은 내용도 친한 사람의 말이 더 설득력 있게 들립니다. 모르는 사람의 말은 관계의 장벽에 막혀 있기 때문입니다. 처음 본 사람에게 고민을 말하지 않습니다. 충분히 알기 전까지는 본능적으로 경계합니다. 말은 주고받을 수 있지만, 깊은 대화는 어렵습니다. 주고받는 소리와 다르게 메시지는 관계에 비례해서 전달됩니다. 영업사원은 이것을 누구보다 잘 알고 실천합니다. 만나자마자 계약서류를 내미는 보험사원은 없습니다. 계약 달성이라는 보통의 인간관계와 다른 특수한 목적이 있지만, 계약을 위해서라도 먼저 관계를 맺습니다. 문자로 안부를 묻고, 커피 선물에 가족의 생일까지 챙깁니다. 관계를 맺기 위한 노력입니다. 관계만큼 설득의 힘이 발휘되는 것을 알기 때문입니다.

민주적 말하기도 '관계'가 먼저입니다. 그룹 토의와 토론을 진행하면, 다짜고짜 열변을 토하는 사람이 있는 반면에 인사를 나누고 대화를 시작하는 사람이 있습니다. 자기만족도는 열변을 따라갈 수 없습니다. 그러나 설득 점수는 반대입니다. 설득은 내 만족이 아니라 상대의 만족을 중요하게 생각합니다.

둘째, 숫자는 설득의 신뢰도를 높입니다. 구체적인 묘사와 수치는 왠지 모를 신뢰감을 더해줍니다. 소설을 생각해보세요. 소설의 매력은 사람들이 놓치는 일상, 관계, 심리, 사건에 대한 세밀한 묘사에 있습니다. '헤어져서 슬프다'는 말은 누구나 할 수 있습니다. 그러나 헤어진 슬픔에 시간과 공간과 기억을 담은 세밀한 묘사로 독자의 공감을 불러일으키는 것은 소설가의 능력입니다.

부모님이 자녀의 정리되지 않은 방을 보면서, '넌 어떻게 그렇게 단 한 번도 방 정리를 한 적이 없냐'고 훈계를 시작하십니다. '예, 치울게요'라고 수긍하면 좋으련만 자녀는 부모의 말을 선전포고로 간주하고 반격을 시작합니다. '한 번도 안 하다니요, 지난주에 했거든요' 예의와 반항의 줄타기를 하는 미묘한 말투에 긴장감이 돌고, 본격적인 갈등 대화가 시작됩니다. 자녀의 정리하지 못하는 습관과 반항으로 문제를 간결하게 정의할 수도 있지만, 그러면 전쟁은 반복됩니다. 상대의 문제를 찾기 전에 나부터 점검해야 합니다. 협상의 관점에서 분석하면, 부모님의 '단 한 번도'라는 불확실한 단어가 자녀에게 반격의 빌미를 줬습니다. '지난주 수요일 이후 책상 위와 의자 위 옷이 그대로다'라고 구체적으로 말했으면, 적어도 감정싸움으로 확전되지는 않았습니다. 자녀는 분하지만 맞는 말이기 때문에 다른 방법으로 저항을 모색할 수는 있어도 말로 항변하기는 어렵습니다.

'배고프다'라는 말보다 '어제 점심에 라면 끓여 먹은 이후 먹은 게 없어'라는 말에 공감이 됩니다. '나 살을 많이 뺐어'라는 말보다 '20일 동안 6kg 뺐어'라는 말에 상대의 감탄사가 나옵니다. 두리뭉실한 표현은 설득의 힘을 잃고, 심하면 '나는 잘 모릅니다. 나는 확신할 수 없습니다'라는 잘못된 메시지를 전달합니다. 정확한 근거와 숫자가 아니어도 세밀하게 표현하기 위해 노력해야 합니다. 설득은 디테일입니다.

설득력을 높이는 세 번째 방법은 비교입니다. 비교는 쉬운 이해를 돕습니다. 이해를 위해서는 사건, 개념, 주장을 명확히 할수록 좋은데 세상일이 자로 잰 것처럼 명확하게 구분되지 않습니다. 봄, 여름, 가을, 겨울이란 표현을 사용하지만 그 경계가 명확하지 않은 것처럼요. 숨이 턱턱 막히고 가만히 앉아 있어도 땀이 흐르면 의심의 여지 없이 여름입니다. 그러나 봄과 여름, 가을과 여름 사이를 어느 시점으로 잘라서 정확하게 말하기는 어렵습니다. 그렇게 구분이 분명하지 않거나 설명하기 힘들 때 비교를 사용하면 효과적입니다. '어제보다 더웠다. 작년보다 추운 겨울이다. 우리 회사는 비교적 의사결정 구조가 수평적이다'처럼 어려운 기술이 아니라 평소에도 많이 사용하는 기법입니다.

특히, 비교는 찬반으로 토론하는 경우에 쟁점을 명확하게 정리하고 자신의 주장을 펼치는 주요한 수단입니다. 주장의 핵심을 도표로 만들어 상대의 주장과 비교해서 보여주면, 그것만으로도 설득력을 높입니다. 정치권에서 전 정권과 비교하는 이유는 그만큼 비교가 설득력을 높이고 심지어 감정까지 불러일으키기 때문입니다.

위에서 언급한 관계, 구체적 묘사, 비교 외에도 설득을 위한 다양한 방법이 있습니다. 어떤 방법을 사용하든 핵심은 상대를 생각하는 것입니다. 다시금 강조하지만 내 중심의 설명은 지루하고 설득력을 사라지게 합니다. 정답을 가르치는 선생님보다 상대와의 접점을 찾는 협상가가 되어야 합니다. 기억합시다. 설명 말고 설득입니다.

기법 말고
관심

 편지 쓰는 시절이 있었습니다. 국군의 날이면 위문편지를 썼고, 어버이날과 스승의 날에는 감사 편지를 썼습니다. 해외 펜팔로 얼굴도 모르는 외국 친구와 편지를 주고받았고, 라디오에 사연 담은 편지와 엽서를 보냈습니다. 편지의 백미는 연애편지입니다. 한 줄 한 줄에 마음을 담아서 심혈을 기울여 써 내려갑니다. 책에서 메모한 글귀와 노래 가사의 한 구절을 인용구로 넣고, 마음을 담아내지 못하는 문장력을 탓하면서도 포기하지 않습니다. 그렇게 어렵게 완성한 작품도 만족하지 못하고, 퇴고에 퇴고를 거듭하여 완성도를 높입니다. 누가 시킨 것도 아닌데 이런 창작의 고통을 기꺼이 감내합니다. 이유는 간단합니다. 편지의 수신자를 사랑하기 때문입니다. 편지를 사랑해서가 아니라 편지의 수신자를 사랑한 힘입니다.

민주적 말하기도 다르지 않습니다. 말하기의 힘은 연애편지의 수신자처럼, 말의 청취자를 사랑하는 마음에서 나옵니다. TV 토론을 떠올려 보세요. 토론의 패널로 주제와 관련된 전문가들이 나옵니다. 전문 지식을 논리적으로 쉽게 전달하는 패널의 말에 집중이 됩니다. 하지만 그것만으로 마음이 움직이지는 않습니다. 그런데 어떤 패널이 논리적이지는 않지만 주제와 관련된 본인의 경험을 마음 담아서 말합니다. 전문 지식은 부족하고 논리적이지는 않지만 마음을 담은 현장의 목소리에 마음이 움직입니다. '주제에 대해 얼마나 많이 아느냐'가 아니라 '얼마나 많이 경험했고 사랑하느냐'의 차이입니다.

말하기에서 사랑의 힘을 이해하는 좋은 예가 있습니다. 다산 정약용과 아들의 일화입니다. 어느 날 아들이 아버지에게 닭을 길러 보겠다고 말합니다. 정약용은 단서를 달아서 허락합니다. 닭을 기르면서 '계경'을 쓰라고 말입니다. 그냥 막연히 닭을 기르지 말고, 기록하여 다른 사람에게 전하라는 뜻입니다. 한자로 쓰면 '계기' 정도면 적당한 일종의 닭 사육 일기입니다. '경'은 우리가 아는 것처럼 공자, 맹자와 같은 성인들의 책에나 붙이는 특별한 글자입니다. 그럼에도 다산은 굳이 '계경'이라고 말합니다. 여기에는 다산 사상의 정수가 들어 있습니다. 유학의 핵심 개념인 '인'에 대한 다산의 생각입니다.

　인은 두 사람을 그린 글자다. 따라서 사람과 사람 사이에서 각기 그 도리를 극진히 하는 것이 인이다.

－『한국철학사』, 전호근, p605

　'인'을 사랑으로 생각해 보시죠. 기존 유학에서 '인'은 철저히 개인의 내면에 있었습니다. 다산은 그렇게 보지 않고 다른 사람과의 관계에서 '인'을 해석했습니다. 다른 사람은 백성입니다. 백성의 근심을 자신의 근심으로 생각하고 백성의 기쁨을 자신의 것으로 받아들인 다산의 '애민' 사상을 엿볼 수 있는 대목입니다. 그래서 닭 사육일지는 경전이 되는 것입니다. 백성을 사랑하는 다산의 마음은 경세유표, 목민심서, 흠흠신서를 비롯한 500여 권의 저술에 고스란히 담겼습니다. 그 당시의 환경에서 500여 권의 저술은 지금과 같은 정보화 시대에도 불가능한 엄청난 분량입니다. 정보와 기술의 한계를 뛰어넘는 백성을 사랑하는 마음의 힘입니다.

민주적 말하기는 한 사람의 뛰어난 웅변가를 위한 것이 아닙니다. 모두가 똑같이 말하고, 말 못하는 사람을 배려하는 '말의 민주주의'를 위한 것입니다. 말은 수단이고 목적의 중심에는 사람이 있습니다. 토론을 하려면 주제에 관한 기본적인 정보와 견해가 있어야 합니다. 정보를 모으고 주장을 논리적으로 구성하는 힘은 주제에 대한 관심에서 나옵니다. 관심 없는 주제는 좀처럼 진도가 나가지 않습니다. 숙제처럼 해낼 수는 있지만 그것으로 다른 사람을 설득하지는 못합니다.

평소 사람들 앞에서 말을 잘 못하는 사람도 자신이 좋아하는 주제로는 무제한 토론이 가능합니다. BTS를 사랑하는 중학생과 그들의 음악을 주제로 토론해 보시죠. 중학생이 음악 평론가 못지않은 견해와 정보를 쏟아냅니다. BTS의 약점이 조금이라도 언급되면 나라를 잃은 독립투사처럼 물러서지 않고 대항합니다. 말의 기술을 뛰어넘는 관심이자 사람을 사랑하는 힘입니다.

민주적 말하기는 사람에 의한, 사람을 위한 것이어야 합니다. 사람을 아끼는 사람이 준비된 토론자입니다. 말하기 기술과 토론법은 배울 수 있지만, 사람을 귀하게 여기는 마음과 그것이 자연스럽게 배어 나오는 태도는 단기간의 훈련으로 얻지 못합니다. 그래서 말은 삶이 되고 삶이 말이 된다고 하는 것입니다. 이제 대화를 시작하기 전에, 회의와 중요한 토론 전에, 스스로에게 물어봅시다. 나는 그 사람을 사랑하는가? 나는 이 주제에 관심이 있는가? 질문에 예라고 자신 있게 대답하지는 못할망정 적어도 사람을 내 목적을 위한 수단으로 만들지는 말아야 하겠습니다. 사람 없는 대화는 독백이고, 사람 없는 토론은 말의 전쟁터가 되니까요.

4장

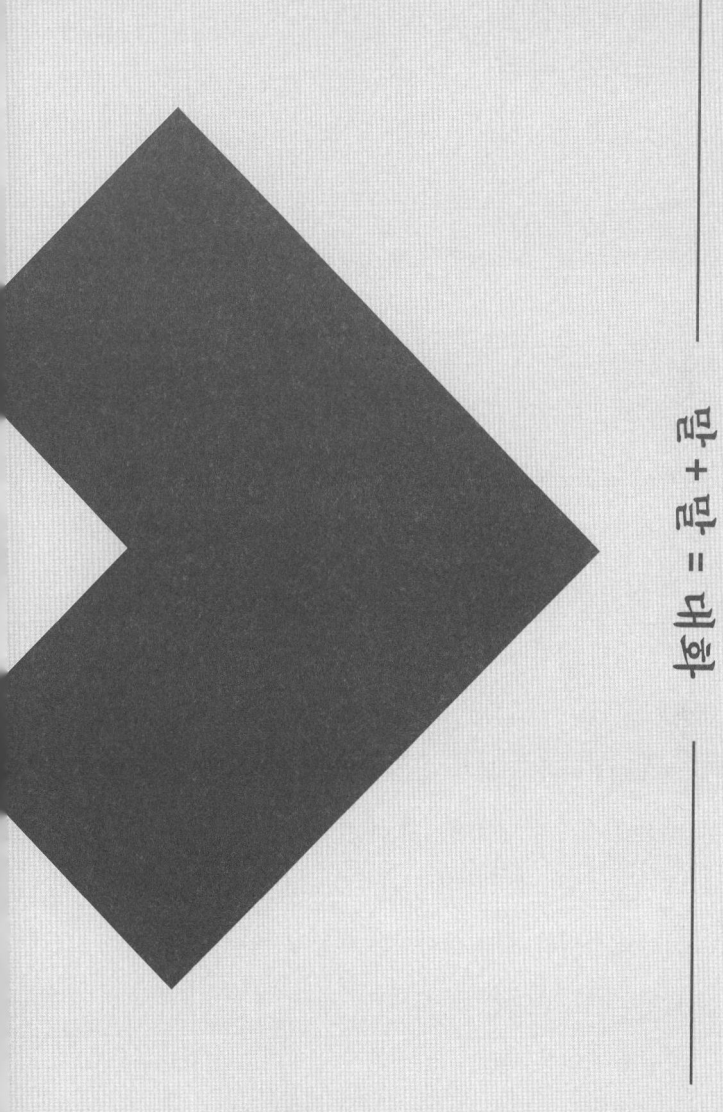

말 + 말 = 대화

사람과 사람을
연결하는 다리

　사람은 혼자서 살지 못합니다. 혼자 있는 시간이 있을 수는 있지만, 누구와도 관계가 없는 삶은 불가능합니다. 세상과 등을 지고 방으로 들어가도 마찬가지입니다. 생명이 있는 한 먹어야 합니다. 내가 농사를 지은 게 아니라면 누군가의 도움을 받아야 합니다. 혼자 있어도 보이지 않는 관계를 맺고 있습니다. 그런데 역설적으로 혼자 살 수 없는 사람은 고독합니다. 부모가 자녀를 아무리 사랑해도 자녀 대신에 밥을 먹을 수는 없습니다. 먹여주는 게 최선의 방법입니다. 씹고 소화하는 것은 사랑으로도 안 됩니다. 오롯이 자녀의 몫입니다. 함께 살아가는 세상이지만 나는 철저히 홀로된 존재이기도 합니다.

　정현종 시인은 사람들 사이에 섬이 있다고 말했습니다.

우리 각자를 홀로된 존재로 생각하면 사람이 섬입니다. 섬에 가려면 배를 타거나 다리를 건너야 합니다. 사람이란 홀로된 섬도 다리로 연결하면 많은 교류가 가능합니다. 교류가 많아지면 어느 때는 섬이란 사실도 잊습니다. 서해의 강화도처럼 말입니다.

사람과 사람을 연결하는 다리가 '말'입니다. 섬은 다리로 연결되고 사람은 말로 연결됩니다. 말을 어떻게 하느냐에 따라서 관계가 결정된다고 해도 과언이 아닙니다. 관계가 좋지 않다고 말하지 않고 말이 통하지 않는다고 말하니까요. 말을 많이 나누면 관계의 다리가 넓어집니다. 관계의 다리가 넓어져서 교류가 많아지니 섬이란 사실도 잊고 같은 육지로 생각합니다. 반대로 말이 줄어들면 다리가 좁아집니다. 그만큼 교류가 힘들어지고 그러다가 다리가 끊어지기까지 합니다. 어쩌다 한 번씩 배로 어렵게 소식을 나눠야 합니다.

관계의 핵심은 말입니다. 좋은 말을 하면 좋은 관계가 맺어집니다. 깊은 말을 하면 깊은 관계가 맺어집니다. 나쁜 말을 하면 나쁜 관계가 맺어집니다. 물론 좋은 말을 해야 하지만 우선은 말을 해야 한다는 사실을 깨닫는 게 중요합니다. 말을 해서 관계의 다리를 놓아야 다음이 있습니다. 여기까지만 이해해도 좋습니다. 지금 누군가와 관계가 어긋났다면 말부터 어색해집니다. 말을 바로 잡아야 합니다. 누군가와 관계가 서먹하다면 말부터 풀어야 합니다. 관계가 좋아야 좋은 말이 나오지만 반대로 좋은 말이 좋은 관계를 만들기도 합니다.

말해야 한다는 사실에 동의가 된다면 다음 단계는 말하는 법을 배우는 것입니다. 말에는 많은 종류가 있습니다. 독백도 말이고 대화도 말이고 토론도 말입니다. 먼저 우리가 배워야 하는 말은 '대화'입니다. 더 정확히 표현하면 관계를 맺는 대화입니다. 앞으로 말이라고 하면 대화를, 대화라고 하면 관계를 떠올리면 좋습니다.

시작은 내 말을 준비해야 합니다. 대화가 없는 관계의 책임은 서로에게 있습니다. 말할 기회를 주지 않은 상대의 잘못이 크다고 생각되지만 그게 전부는 아닙니다. 말하지 않은 내 책임도 있습니다. 말할 기회를 주지 않는 상대의 잘못과 말하지 않은 내 잘못이 더해진 결과입니다. 나의 말과 상대의 말이 오가야 대화가 됩니다. 대화를 하는 데 내 말만 있으면 말의 독재자가 되고 상대의 말만 있으면 말의 노예가 됩니다.

이제부터 우리가 함께 배울 주제는 관계를 맺는 대화입니다. 물건을 많이 팔기 위한 현란한 말솜씨와 청중을 사로잡는 연설법을 원했다면 책을 잘못 고르셨습니다. 가장 가까이 있는 사람과의 더욱 친밀한 관계를 위한 대화입니다. 왜 가까운 사람이냐면 가까운 사람에게 인정받는 게 가장 어렵고 중요하기 때문입니다. 이 과제를 완수하면 다른 과제는 한결 쉽습니다. 사장이 직원은 속여도 가족은 못 속이는 법입니다. 사람들에게 존경받는 것보다 자녀에게 존경받는 게 더 중요합니다. 지금부터 배우는 대화법을 부디 가까운 사람에게 실천해서 좋은 아빠와 엄마, 좋은 친구부터 되면 좋겠습니다. 그럴 마음이 생겼다면 이제 그 사람이 사는 섬으로 다리를 놓아보시죠.

잔 대화로 시작되는
관계

 중학교 2학년 남학생이 있습니다. 깊은 상담을 하지 않아도 이 학생의 가장 친한 친구를 알 수 있는 방법이 있습니다. 손흥민 축구 경기가 있던 다음 날 아침이 딱 좋습니다. 축구를 좋아하는 남학생이라면 요즘은 새벽에 실시간으로 프리미어 리그를 시청합니다. 새벽에 라이브로 시청한 손흥민 축구 경기 결과를 처음으로 나누는 사람이 가장 가까운 친구입니다. 손흥민 축구 경기를 말한 친구에게 나중에 자신의 어려움을 말하고 진로 고민을 나눕니다. 때로는 마음속 깊은 얘기도 합니다. 이제 왜 자녀들이 부모님에게 마음을 솔직하게 말하지 않는지 알겠지요? 이렇게 말씀드렸는데도 모르겠다면 방법이 없습니다. 답을 말씀드리면 평소에 손흥민 이야기를 나누지 않았기 때문입니다. 조금만 생각해 보면 어렵지 않은 답입니다. 여러분이 평소에 깊은 속을 나누는 사람을 생각해 보십시오. 소소한 일상을 나눈 사람에게 깊은 속을 말하는 법입니다. 아무나 붙잡고 깊은 속을 말하는 사람 없습니다.

관계의 다리를 놓는 첫걸음은 '잔 대화' 나누기입니다. 손흥민 얘기처럼 일상을 나눠야 관계가 맺어집니다. 정확히 말하면 깊은 관계를 위한 기초가 마련됩니다. 잔 대화로 기초를 단단히 만들어야 튼튼한 관계의 집을 지을 수 있습니다. 윗세대 아버지의 실수는 너무 큰 대화만을 시도했다는 점입니다. 오래간만에 일찍 퇴근한 아버지께서 아들과 대화를 시도하십니다.

"아들, 앉아 봐. 오랜만에 대화 좀 하자"

"넌 꿈이 뭐냐? 어느 대학을 생각하고 있어?"

"……"

갑작스럽게 훅 들어온 질문에 아들은 대답을 못하고 머뭇거립니다. 아버지는 기다려 주지 않습니다. 길어야 5초를 기다리시고 뮤지컬 배우처럼 대사를 쏟아 내십니다.

"이래서 네가 안 되는 거다. 네가 밥을 굶냐, 공책이 없냐, 방이 없냐. 뭐가 부족해서 그러냐. 아버지가 너만 할 때는

6.25, 보릿고개, 새마을운동, 88올림픽…"

꿈으로 시작한 대화는 어느새 한국의 근현대사 강의 시간이 됩니다. 대화하는 아버지와 아들은 사라지고 강의하는 교수님과 학생만 남습니다. 학생으로 역할이 바뀐 아들은 갑자기 적극적으로 고개를 끄덕이고 리액션을 남발합니다. 그래야 강의가 빨리 끝난다는 것을 경험했기 때문입니다. 학생의 적극적인 호응에 아버지는 기분이 좋으십니다. 강의를 마치시고 오늘은 간만에 아버지 역할을 제대로 했다고 흐뭇해하십니다. 그러면서 앞으로는 아들과 대화시간을 자주 가져야겠다고 생각하고 아들은 아버지가 일찍 들어오시는 날은 피해야겠다고 다른 생각을 합니다. 동상이몽입니다.

윗세대 아버지와 대화가 어려웠던 이유가 여기에 있습니다. 너무 큰 주제를 나눴기 때문입니다. 물론 그런 아버지 세대도 이유는 있습니다. 생존의 시대였기 때문입니다. 절박한 생존의 위기 앞에서 잔 대화는 설 자리가 없었습니다. 국가의 존폐 앞에 개인의 꿈을 논할 수 없었습니다. 그러나 시대가 달라졌습니다. 생존의 시대에서 집단 사명의 시대로, 지금은 핵 개인의 의미 시대로 말입니다.

이제 왜 아버지와 관계가 어려웠는지 알게 되었습니다. 아버지께서 시도 하시는 대화 주제가 어려웠기 때문입니다. 주제가 어려우니 대화가 어렵고, 대화가 어려우니 불편한 관계가 됩니다. 꿈과 진로 얘기가 나쁘다는 말이 아닙니다. 먼저 해야 할 말이 있습니다. 축구를 좋아하는 아들에게는 손흥민 경기 결과를 물어봐야 합니다. 점심은 뭐를 먹었는지? 친구랑 봤던 영화는 어땠는지? 몸은 아프지 않은지? 손흥민 다음에 꿈과 진로를 말해도 늦지 않습니다. 아니 꼭 그래야 합니다.

지금 누군가와 관계가 좋지 않다면 잔 대화부터 시도해 보십시오. 관계 회복을 위해 무거운 주제를 다시 꺼내면 갈등의 골만 깊어집니다. 이해는 돼도 하지 않던 잔 대화가 갑자기 될 리 없습니다. 잔 대화는 오랜 경험으로 자연스럽게 이뤄지는 것입니다. 그래도 몇 가지 시간을 단축해 줄 방법이 있습니다.

먼저 상대에게 도움이 되는 주제로 시작하면 좋습니다. 사람의 이기적인 속성을 활용하는 방법입니다. 사람은 자신에게 도움이 되어야 귀가 열립니다. 주식 투자를 하는 사람에게 유망한 회사의 주식 이야기는 귀를 솔깃하게 만듭니다. 길거리의 소음에도 정보를 캐내는 놀라운 집중력을 발휘합니다. 내게 이익이 되는 정보라서 그렇습니다. 잔 대화로 상대방을 집중시키려면 상대에게 도움이 되는 주제로 시작해야 합니다. 소그룹으로 대화 프로그램을 진행할 때 근처 맛집 정보를 주제로 나누면 참여자의 집중도가 높아집니다. 당장에 써먹을 수 있으니 심지어 수첩이나 핸드폰을 열고 기록도 합니다. 강의 내용은 기록하지 않으면서 말입니다.

다음으로 좋아하는 것을 나눠야 합니다. 일본의 오타쿠에서 변형된 덕후라는 말이 있습니다. 좋아하는 특정 사람이나 사물에 깊이 빠진 사람입니다. 덕후는 현장형 전문가입니다. 무슨 말을 해도 막힘이 없습니다. TV에서 기차 덕후가 나온 프로그램을 봤습니다. 기차 덕후의 기차 정보는 경이롭습니다. 세상에 이렇게 많은 기차가 있었나 싶습니다. 더 놀라운 일이 있습니다. 기차 덕후는 기차의 일부만으로도 어느 기차인지를 맞춰 버립니다. 기차 덕후의 기차 얘기는 밤을 새워도 이어질 것입니다. 강의 교안으로 만들면 한 학기를 채우고도 남을 정도로 말입니다.

좋아하는 것을 말하는 힘입니다. 좋아하면 알고 싶어지

고 끊임없이 공부하게 됩니다. 그래서 좋아하는 것을 주제로 시작하면 끝없는 대화가 이어집니다. 억지로 말을 이어갈 준비를 하지 않아도 대화의 날개가 활짝 펼쳐져 자유롭게 날아갑니다.

마지막 주제는 일상에 있습니다. 대화의 상대와 좋아하는 것이 같다면야 다행이지만 그렇지 않다면 좋아하는 것만으로 대화를 이어가기는 어렵습니다. 상대는 힘이 나겠지만 듣기만 하면 지치게 됩니다. 좋아하는 것이 같아도 매번 그것만 이야기할 수는 없습니다. 그런 때에는 일상만 한 좋은 주제도 없습니다. 친한 친구들과 만나서 무슨 주제로 말하는지 떠올려 보세요. 별 주제 없습니다. 그냥 오늘 있었던 일, 화난 일, 좋았던 일, 직장 상사 험담, 점심 메뉴, 드라마처럼 시시콜콜하고 큰 의미도 없는 그렇고 그런 말들입니다. 그런데 이렇게 일상을 나누는 친구를 가장 친한 친구라고 생각합니다. 깊은 얘기를 나누는 친구 따로 일상을 나누는 친구 따로 있지 않습니다. 일상을 나누는 친구가 마음을 나누는 친구입니다.

이제 책을 그만 덮고 가까운 사람에게 잔 대화를 시작해

보세요. 먼저 대화의 상대에게 도움이 되는 주제를 찾습니다. 무엇을 좋아하는지 안다면 유리한 고지를 차지했습니다. 어려운 주제는 버리고 낮에 있었던 일부터 나눠보세요. 그동안 자녀에게 멋진 말을 많이 했다면, 오늘만이라도 회사에서 있었던 시시콜콜하고 쪼잔한 이야기를 건네 보세요. 4차 산업혁명과 빅데이터 시대의 경쟁에서 살아남기 위한 전략을 설파했던 팀장이라면, 어제 부부싸움에서 패한 실패 요인을 말해 보세요. 그런 대화가 쌓이면 자녀는 어느새 아빠의 교훈을 듣게 됩니다. 팀원은 팀장의 전략에 동의하게 됩니다. 잔 대화의 힘입니다. 깊은 대화는 잔 대화부터입니다.

질문으로 열리는
대화의 문

"아빠, 저건 뭐야?"

"어, 저건 나무야"

"아빠, 이건 뭐야? 저건? 요건???"

아이의 질문은 종일 끝이 없습니다. 그렇게 끝없이 물어도 말하는 게 예쁘고 신기합니다. 아무리 대답해도 질리지 않습니다. 그만 물어보라고 말하는 부모는 없습니다. 아이의 끝없는 질문은 잘 성장하고 있다는 신호입니다. 세상을 알기 위해 본능적으로 질문합니다. 공부는 곧 질문입니다. 질문에 답하는 것은 공부의 작은 일부입니다. 진짜 공부는 질문을 만듭니다. 질문은 호기심에서 나오고 호기심이 생겨야 공부가 시작됩니다.

대화도 질문이 중요합니다. 책에 구멍을 뚫어서라도 강조하고 싶습니다. 내가 말을 잘하는 게 잘하는 게 아닙니다. 다른 사람이 말을 잘하게 하는 게 진짜 잘하는 겁니다. 내가 말을 많이 하지 말고, 상대가 말을 많이 하게 해야 한단 말입니다. 이 책을 냄비 받침으로 쓰더라도 이 부분만은 부디 오려서 보관했으면 좋겠습니다. 상대가 말하게 하는 기술이 질문입니다. 정리하면 말 잘하는 사람은 질문을 잘하는 사람이라고 해도 무리가 없습니다. 똑같은 사람을 만나서 인터뷰해도 어떤 질문을 하느냐로 답변이 달라집니다. 좋은 질문을 하면 좋은 대답이 돌아옵니다. 깊은 질문에 깊은 대답이, 나쁜 질문에는 나쁜 대답이 돌아옵니다.

지금 누군가와 관계가 좋지 않다면 화해하기 위한 말을 준비하기 전에 질문을 준비해야 합니다. 어설프게 대화를 시도했다가는 갈등만 더 깊어지고, 다시 얼굴을 보기조차 어려워질 수도 있습니다. 그러니 상대에게 할 말을 생각하지 말고, 질문을 생각해야 합니다. 그동안 질문에 대답하는 공부는 많이 했으니 지금부터 질문 공부를 해야 합니다. 먼저, 해야 할 것을 하는 것보다 하지 말아야 할 것을 안 하는 것이 중요합니다. 하지 말아야 하는 대표적인 질문이 '예'

와 '아니오'로 답이 돌아오는 질문입니다.

"아들! 숙제했니? 손 씻었니?"

"김 대리! 보고서 잘되고 있나요?"

여러분이 아들, 김 대리, 청중이 되어 위의 질문에 대답해 보시죠. '예' 아니면 '아니오' 둘 중에 하나를 선택해야 합니다. 선택과 동시에 대화는 끝났습니다. 질문이 아니고 질문의 형식을 빌린 사실 확인입니다. 궁금해서 묻는 게 아니란 말입니다. 어서 숙제하라는 명령입니다. 보고서 빨리 쓰라는 지시입니다. 그럴 거면 묻지 말고 직접 말하는 게 서로의 정신 건강에 좋습니다.

"아들! 숙제 안 한 거 같네. 지금 숙제하는 게 좋겠어"

"김 대리! 이번 보고서 중요하니까 더 신경 쓰라고"

확인하는 질문이 항상 나쁘지는 않습니다. 안전과 생명에 관계된 일이라면, 몇 번이라도 같은 질문을 던져야 합니다. 어린아이는 확인을 사랑으로 생각합니다. 오히려 확인을 많이 하고 표현해 주는 게 좋습니다. 사춘기부터는 다릅니다. 확인을 사랑이 아닌 통제와 의심으로 받아들입니다. 확인하는 질문을 불신의 결정적인 증거로 생각합니다. 사춘기를 심하게 겪는 중2 자녀를 생각해 보시죠. 자녀가 영화관을 다녀와서 현관문을 들어서며 엄마와 나누는 대화입니다.

"극장 갔다 왔니?"

"왜? 안 갔을까 봐?"

"너 말버릇이 그게 뭐야"

"내가 뭐?"

3차 세계 대전의 서막이 열립니다. 부모는 억울합니다. 극장 간다고 했으니 들어오는 자녀에게 아무런 감정 없이 물어본 게 전부입니다. 하지만 자녀 생각은 다릅니다. 확인하는 질문으로 자신을 의심하고 통제한다고 생각합니다. 성인이라면 자기 생각과 감정을 차분히 전달하겠지만, 사춘기 자녀는 그렇게 하지 못합니다. 용돈이 끊어지지 않을 정도의 마지노선에서 거칠게 표현합니다. 이해를 돕기 위해 사춘기 자녀의 예를 들었지만, 사람은 확인하는 질문에 부정적으로 반응하게 됩니다. 안전과 생명에 관계되는 일이 아니라면 확인 질문만은 피해야겠습니다. 원하는 답을 얻지 못할뿐더러 관계마저 망가집니다. 그러면 어떤 질문이 좋은 질문일까요?

첫째, 대화로 이어지는 질문입니다. 가장 좋은 질문은 대화로 이어집니다. 우리의 최종 목적지는 혼자서 말하는 독백이 아니라 대화입니다. 상대가 말하도록 하는 좋은 방법이 질문입니다. 물론 모든 질문이 그렇지는 않습니다. 상대의 허점을 파고드는 질문, 진리를 찾기 위한 질문은 대화로 이어지는 질문은 아닙니다. 말을 주고받기 위한 목적을 잊지 말아야 합니다. 질문은 관계를 이어주는 다리입니다.

"삶에서 가장 가치 있는 것은 무엇인가요?"

대답을 잘하는 사람도 말문이 막힙니다. 이것으로 대화가 끝날 수도 있습니다. 진지한 성찰을 돕는 질문일지는 모르겠으나 대화의 관점에서 보면 무리한 질문입니다. 이런 질문은 충분한 관계와 조건이 갖춰진 다음에 해도 늦지 않습니다. 아니, 꼭 그래야만 합니다. 아버지 세대와의 대화가 어려운 이유는 이런 질문이 많았기 때문입니다. '넌 꿈이 뭐냐?'로 대표되는 너무 큰 질문에 말문이 막혀서 대화가 끊기고 관계가 서먹해졌습니다.

"오늘 점심에는 뭘 먹었어요?"

삶의 가치에는 말문이 막히지만, 점심 메뉴라면 누구나 대답할 수 있습니다. 일상을 주제로 쉽게 질문하면, 말이 이어집니다. 친구와 나누는 대화가 그렇습니다. 점심 메뉴,

사고 싶은 옷, 어제 본 드라마처럼 일상의 시시콜콜한 주제로 이야기합니다. 이런 주제에 물음표만 붙이면 대화로 이어지는 질문이 됩니다. 부디 어려운 질문을 찾지 말고, 평소 친구와의 대화에서 힌트를 찾으면 좋겠습니다.

다만, 일상을 주제로 질문하기 위해서는 상대의 일상을 알거나 비슷해야 합니다. 그것도 아니라면 관심이라도 있어야 합니다. 친구와 일상을 주제로 대화가 이어지는 이유는 비슷하기 때문입니다. 소중한 친구라도 오랫동안 일상을 공유하지 않으면 대화거리가 없어집니다. 옛날 추억을 소환해서 써먹는 것도 한두 번입니다. 회사 동료와 대화가 많은 이유도 꼭 많은 시간을 같이 있어서만은 아닙니다. 같은 공간에서 비슷한 경험을 하다 보니 나눌 소재가 많아졌기 때문입니다.

알아야 질문합니다. 자세히 알아야 자세히 질문합니다. 자녀와 학교 이야기만 나누는 부모는 학교를 사랑해서 그러는 게 아닙니다. 아이가 학교에 다니고 있다는 사실 외에 자녀에 대해 아는 정보가 없어서 그렇습니다. 혹은 시험 성적 말고는 다른 것에는 관심이 없어서 그렇습니다. 우리 아이가 무엇을 먹었는지? 누구와 무슨 이야기를 나눴는지? 어떤 재미있는 일이 있었는지? 지난번 이야기했던 친한 친구 수현이는 그 이후에 어떻게 되었는지? 알수록 질문은 끝이 없고, 질문만큼 대화가 풍성해지고, 대화만큼 관계가 깊어지는데도 말입니다. 부디 가르치려 하지 말고, 캐내려 하지 말고, 어떻게 대화를 이어갈까를 심혈을 다해 연구하면 좋겠습니다.

둘째, 생각을 움직이는 질문입니다. 대화로 이어지는 질문으로 충분한 관계와 환경이 만들어졌다면 이제 다음 단계로 넘어가야 합니다. 예수, 공자, 석가, 소크라테스를 성인이라고 부릅니다. 인류 지혜의 샘물입니다. 성인들은 지혜의 샘물을 어떻게 전했을까요? 공통으로 사용한 방법은 질문입니다. 교재를 펼치고 강의하지 않았습니다. 삶의 근본이 되는 질문으로 생각을 움직였습니다. 좋은 질문은 생각하게 만듭니다. 책의 집필 의도는 정보를 전달하는 것에 그치지 않습니다. 질문으로 독자의 생각을 움직이고 변화를 이끌기 위해서 책을 씁니다. 책이 곧 질문이 되는 이유입니다.

생각을 움직이는 질문은 특히 질문자가 누구인지가 중요

합니다. 평생 남을 돕는 일에 헌신한 사람이 '사랑이란 무엇인가?'라고 질문한다면, 질문자를 생각하게 됩니다. 질문자의 삶이 질문과 함께 왔기 때문입니다. 하지만 똑같은 질문을 전혀 그런 삶을 살지 않은 기회주의자가 던진다면, 생각이 움직이기는커녕 욕이 나올지도 모릅니다. 성인들의 질문에 힘이 있는 이유는 철저한 고뇌에서 나온 질문이자 질문의 답을 삶으로 보여줬기 때문입니다. 그렇다고 성인 정도 되어야 생각하는 질문을 할 수 있다는 뜻은 아닙니다. 이런 태도 위에 기술을 배워야 한다는 말을 강조하기 위함입니다.

"여러분 삶의 가치는 무엇인가요?"

"삶에서 가장 중요하다고 생각하는 세 가지는 무엇인가요?"

결국 묻는 것은 똑같은데 이상하게도 대답에는 차이가 납니다. 특별한 소수를 빼면 첫 번째 질문에는 좀처럼 말하지 못합니다. 하지만 두 번째 질문에는 최소한 입은 열 수 있습니다. 차이는 '가장 중요하다고', '세 가지'라는 생각의 다리를 놓아줘서 그렇습니다. 첫 번째 질문은 너무 깊어서 포기한 것이고, 두 번째 질문은 다리를 건넌 것입니다. 앞서 말한 성인들의 질문들에도 그러한 공통점이 있습니다. 삶의 본질을 어렵지 않고 쉽게 묻습니다. 사랑을 설파했던 예수의 질문입니다.

"안식일에 가축이 웅덩이에 빠지면 구하지 않습니까? 그렇다면 안식일에 아픈 사람을 어떻게 해야 합니까?"

안식일은 유대인 삶의 중심입니다. 안식일에 일하지 않는 것은 유대 민족과 이방인을 가르는 절대적 규범입니다. 예수는 안식일이라는 가장 중요한 규범의 본질을 무작정 가르치지 않고 질문을 던졌습니다. 그러나 '안식일은 무엇인가?'라고 질문하지 않았습니다. 비유로 쉽게 물었습니다. 생각의 다리를 놓은 것입니다. 질문으로 상대방의 생각을 끌어내고 싶다면, 질문의 내용만큼이나 형식을 고민해야 합니다. 깊은 생각을 원한다면, 몇 배 더 그래야 합니다. 당신이 예수와 공자와 석가와 소크라테스만큼의 삶을 살고 있지 않다면 더욱더 말입니다.

셋째, 예상하지 못한 질문입니다. 첫사랑의 기억을 떠올려 보세요. 호감이 있는 상대가 나타나면 질문이 갑자기 폭증합니다. '어떤 음악을 좋아하세요?'를 시작으로 질문을 고르고 또 고릅니다. 무엇보다 식상한 질문을 하지 않으려고 애를 씁니다. 어떤 질문을 하느냐가 중요하다는 사실을 본능적으로 알기 때문입니다. 식상한 질문에는 식상한 대답이 돌아오고 관계에 별로 도움이 되지 않는다는 걸 경험적으로 알아서 그렇습니다. 식상한 질문은 대답만 식상한 게 아니라 첫 만남에서 재미없는 사람, 센스 없는 사람이란 인상을 주게 됩니다.

영화배우의 인터뷰 기사를 읽었던 기억이 있습니다. 배우는 영화 홍보로 지금까지 셀 수 없는 인터뷰를 했고, 오늘 하루만도 몇 개의 인터뷰를 더 해야 한다고 운을 뗐습니다. '그런데 지금 질문은 처음 받아 보는 질문이라서 인터뷰에 흥미가 생긴다'라며 말을 이어갔습니다. '흥미가 생겼다'에 주목해야 합니다. 기자는 기사를 써야 하니, 영화 줄거리로 시작해서 기본 질문부터 시작했을 것입니다. 기자로서는 그래야 합니다. 그러나 기자에게는 처음이지만 배우는 수백 번 듣고 답했던 질문입니다. 식상함을 넘어서 빨리 끝나기만을 원하게 만드는 질문입니다. 위의 기자는 달랐습니다. 뻔한 질문을 뺐습니다. 그건 다른 정보를 참고해도 됩니다. 정말 필요한 질문, 지금까지 듣지 못했을 질문을 던졌습니다. 식상하지 않은 질문이 배우의 호기심을 불러일으켰고 인터뷰에 집중하게 했습니다. 예상하지 못한 질문의 힘입니다.

우린 AI에 질문하는 게 아닙니다. 살아서 움직이는 사람에게 질문합니다. 따라서 사람을 알고 존중해야 합니다. 내가 예상하지 못한 질문이 아니라 대화의 상대가 예상하지 못한 질문이란 말입니다. 그래서 상대방의 입장에서 생각하고, 상대방을 알아야 합니다. 기자는 똑같은 질문을 수백 번 받았을 배우 입장에서 생각했습니다. 예상하지 못한 질문은 무릎을 치게 만드는 창의적인 질문이 아닙니다. 세상에 그런 질문 없습니다. 사람에 대한 배려에서 예상하지 못한 질문이 나옵니다. 상대방의 입장에서 생각할 때 예상하지 못한 질문이 생각납니다. 하루 종일 똑같은 질문으로 시달렸을 배우를 배려하는 마음에서 상대의 관심을 끄는 질문이 나온 겁니다. 배려가 어렵다면 식상한 질문이라도 자제합시다. 그러면 반은 갑니다.

넷째, 타이밍이 좋은 질문입니다. 인생은 타이밍이란 말이 있습니다. 질문에도 적용할 수 있는 말입니다. 좋은 질문은 타이밍이 중요합니다. 똑같은 질문도 언제 했느냐가 대답의 질을 결정합니다. 일에 지칠 대로 지친 아내가 퇴근

해서 겨우 소파에 몸을 던진 타이밍에 주말여행 계획을 묻는다고 생각해 보세요. 여행이라는 좋은 주제도 싸움의 소재가 됩니다. 밤늦게 학원에서 돌아온 자녀에게 진로를 묻는다면, 거의 선전포고를 했다고 봐야 합니다. 지친 몸을 겨우 소파에 기대어 멍하니 드라마를 보고 있는 아내에게 질문해 볼까요.

"우리 이번에 어디로 여행갈까?"

"……"

아내의 대답을 기대하기 어렵습니다. 질문의 내용이 아니라 타이밍이 좋지 않아서 그렇습니다. 아내의 마음에는 '만사 귀찮으니 나 좀 내버려둬'라는 말이 차오릅니다. 그나마 이 정도의 말도 감사해야 합니다. 심하면 '지금 여행이 웬 말이야, 나 좀 쉬게 해줘'라는 격한 말들이 쏟아집니다. 그러나 따뜻한 물로 샤워하고, 맛있는 저녁을 먹은 후에 몸을 추스르고 드라마를 보는 아내의 대답은 다릅니다.

"우리 이번에 어디로 여행갈까?"

"이번에 속초에 새로 생긴 리조트 좋다는데, 동해도 볼 겸 가볼까?"

똑같은 질문인데 대답이 다른 이유는 타이밍 때문입니

다. 질문의 내용만 준비하다가 타이밍을 놓치는 때가 있습니다. 타이밍을 생각했어도 내가 원하는 타이밍이 더 많았습니다. 그래서 질문이 어렵고 대화가 잘 안 풀렸던 겁니다. 늦지 않았습니다. 지금부터라도 질문의 타이밍을 생각해 보세요. 성숙한 사람은 때를 아는 사람입니다.

넷째, 변화가 있는 질문입니다. 대학교 시절 연세가 많으신 경영학 원론 교수님이 계셨습니다. 3시간 수업 시간이면 태풍에 나무가 쓰러지듯이 학생들은 맨 뒷줄부터 앞줄까지 고개가 책상을 향합니다. 아무리 버티려 해도 눈은 추를 단 듯 내려가고, 책상은 블랙홀처럼 얼굴을 빨아들입니다. 한문 가득한 교재도 문제였지만, 가장 심각한 문제는 교수님의 목소리와 톤이었습니다. '도레미파솔라시도' 중에서 '도'의 음역에 작은 목소리로 질문 한번 하지 않으시고 책을 읽으십니다. 깨어 있는 게 신기한 일입니다. 나중에 알게 된 사실이지만, 깨어있던 친구들의 비결은 다른 책 보기였습니다.

음악은 다름에서 시작됩니다. 다른 악기들의 소리로 오케스트라가 되고, 다른 음들로 화음이 되고, 다른 길이의 소리로 리듬이 됩니다. 높고 낮고 길고 짧고 깊고 얕고의 변화로 음악이 됩니다. 가벼운 질문만 계속되면, 익숙해지고 지겨워집니다. 마찬가지로 무거운 질문만 계속돼도 결과는 똑같습니다. 어제 무엇을 먹었는지? 점심은 맛있었는지? 어떤 음식을 좋아하는지? 작은 질문들의 연속 속에, 먹는다는 것은 무엇인가? 취향이란 무엇인가? 이런 큰 질문이 더해져야 합니다. 회사 워크숍에서 큰 질문과 작은 질문을 병행하면 생각이 환기되고 집중력이 높아집니다. 모임 구성원이 신제품 아이디어에 골몰할 때 근본적인 가치를 묻는 큰 질문으로 생각의 폭을 크게 만드는 방법입니다. 그리고 다시 신제품 아이디어를 생각하면, 이전과 다른 역동이 생깁니다. 질문에 화음과 리듬이 생겼기 때문입니다.

질문을 마무리하며 지금까지 경험했던 한국 사회의 질문 문화를 돌아봅니다. 먼저 질문하는 사람이 고정적이었습니다. 사장님이 질문했습니다. 선생님과 부모님과 어른이 질문했습니다. 공통점은 나이가 많고 권력이 많고 돈이 많고 지위가 높은 사람이란 점입니다. 질문 대신에 민주주의 핵심 가치인 '참여'를 넣어보세요. 나이가 많고 돈이 많고 지위가 높은 사람이 참여합니다. 문제의 심각성이 보입니다. 제도화된 민주주의를 일상생활에서 실감하지 못하는 이유입니다. 질문이 사라졌고 그나마도 질문이 소수에게 독점되었습니다. 가진 자들만 묻습니다. 그런 생활이 오래되어서 이제는 질문을 잃어버렸고, 답만 하는 약자가 되었습니다. 먼저 지금까지 질문하던 자들은 질문권을 내려놓아야 합니다. 가진 돈과 권력을 요구하지는 않겠습니다. 질문권을 나눠야 합니다. 교사는 학생에게, 사장은 직원에게, 부모는 자녀에게 질문권을 돌려줘야 합니다.

  질문권을 돌려받기만을 기다려서도 안 됩니다. 용기를 내서 질문해야 합니다. 오랜 관성이 쉽게 바뀌지 않습니다. 불합리한 사장의 지시에 '어떤 효과가 있는지'를 질문해야 합니다. 갑작스러운 정책에 '충분한 준비와 협의가 되었는지?' 물어야 합니다. 지난 시절 군사독재 정권에 저항하여 민주주의를 위해 피 흘려 싸웠다면 이제는 일상의 질문권을 위해 힘을 쏟아야 합니다. 헌법에 질문권을 넣고 싶은 심정입니다. 이렇게요. 대한민국은 질문 공화국입니다. 대한민국의 질문권은 국민에게 있고 모든 질문권은 국민에게서 나옵니다.

관심사로 출발하는
대화

사람은 보이는 대로 보지 않고, 보고 싶은 대로 봅니다. 차를 바꾸고 싶은 사람 눈에는 차만 보입니다. 봄을 맞아서 예쁜 원피스를 사려는 여성이라면 거리의 수많은 군중 속에서도 원피스 입은 사람이 눈에 들어옵니다. 말의 세계에서도 이런 현상은 똑같이 나타납니다. 사람은 들리는 대로 듣지 않고, 듣고 싶은 대로 듣습니다. 세상에 가득한 소리 속에서도 자신이 원하는 소리만 확대되어 들립니다. 지금 주식에 빠진 사람이라면 '주'자만 들려도 귀가 솔깃합니다. 4차선 길 건너의 대화 속에서도 주식 정보를 선별할 정도로 말입니다. 그만큼 관심 있는 주제에는 절로 집중이 되고 귀는 엄청난 능력을 발휘합니다. 이쯤이면 우리의 대화가 왜 그리도 어려웠는지를 알게 됩니다. 대화를 내 관심사로 시작했기 때문입니다.

대화는 주고받고입니다. 나의 관심사와 너의 관심사가 만나야 대화입니다. 주고받음의 순서와 횟수에는 제한이 없지만, 시작은 정해져 있습니다. 대화 상대의 관심사로 시작해야 합니다. 그래야 관계를 맺고, 관계를 넓히는 대화가 시작됩니다. 사람들 앞에는 보이지 않는 유리 벽이 있습니다. 우리가 말을 하면 상대가 듣는 것 같지만 실제로는 유리 벽에 부딪혀 튕겨 나갑니다. 듣는 척하는 것이지 실제로는 듣지 않습니다. 유리 벽은 상대의 입에 연결되어 있습니다. 말을 하면 유리 벽이 열리고, 말을 멈추면 닫힙니다. 유리 벽을 활짝 열어놔야 허심탄회한 대화를 나눌 수 있습니다. 그래서 시작은 상대의 관심사입니다. 나의 관심사에 상대가 할 이야기는 별로 없습니다. 영혼 없는 대답만 이어집니다.

축구를 좋아하는 중학생 아들이 있다면 손흥민 이야기가 제격입니다. 손흥민 경기가 있던 다음날이 기회입니다. 더욱이 손흥민이 골을 넣었다면, 신께서 내려주신 대화의 기회입니다. '어제 경기 어떻게 됐어?' 이 한마디의 질문이면 충분합니다. 스포츠 전문해설가 저리 갈 정도의 논평이 이어집니다. 거의 애국지사의 '대한독립 만세' 수준의 격정적인 말이 쏟아집니다. 그러는 사이 자신도 모르게 유리 벽이 활짝 열립니다. 아니 열릴 정도가 아니라 유리 벽이 통째로 떨어져 나갈 수준이 됩니다. 그러면 여러분은 무장 해제된 동산으로 유유히 걸어 들어가기만 하면 됩니다. 어떤 주제의 대화도 이제 가능합니다. 심지어 대학을 주제로도 대화를 할 수 있습니다. 대화의 장애물이 사라졌기 때문입니다.

왜 우리는 이렇게 강력한 대화의 법칙을 실천하지 못할까요? 상대방의 관심사에서 시작해야 하는 것은 알지만, 상대방의 관심사를 몰라서 그렇습니다. 윗세대와의 대화가 어려웠던 이유입니다. 먹고 살기가 너무나 어려운 때였습니다. 관심이 없어서가 아니라 관심을 쏟을 여유가 없었습니다. 자녀가 누구를 만나고, 무슨 이야기를 하는지 알 길이 없습니다. 학교에 다닌다는 사실 말고 자녀의 일상에 대해 아는 게 없습니다. 그러니 학교 말고는 대화의 소재가 없습니다. 유리 벽을 사이에 두고 각자의 말만 하거나 침묵하게 됩니다. 대화하려면 대화법이 아니라 대화하는 사람을 알아야 합니다. 사람을 알면 할 말이 보입니다. 아들을 무장 해제시킨 손흥민 이야기처럼 말입니다.

시공을 초월하는 경청

교육의 효과는 참여자의 자발성에 비례합니다. 자발성은 돈과 시간의 투자로 확인됩니다. 필수 이수 교육, 직원 교육, 법정 교육의 교육 효과가 미흡한 이유는 자발성이 부족하기 때문입니다. 비자발적 교육의 정점에 의무 교육이 있습니다. 의무 교육을 들어가면 분위기가 참혹합니다. 관심 없는 주제를 온종일 들어야 하는 교육생의 처지를 생각하면 안쓰럽기까지 합니다. 하지만 이해가 되는 것과 그 앞에서 교육을 진행하는 것은 매우 다른 일입니다. 이것만으로도 힘든데 그날따라 컨디션이 좋지 않거나 바쁜 시간에 억지로 교육에 참석한 교육생이 있다면 벌써 눈길부터 다릅니다. 안 그래도 강단에서 사람들의 눈길을 받으면 긴장되는데, 부정적인 시선은 강사를 어둠의 바다로 빠트립니다.

그러나 위기에도 기회가 찾아오는 법입니다. 그럴 때면 어디선가 한 줄기 빛이 쏟아집니다. 어느 교육이건 소수의 긍정적이고 예의 갖춘 사람은 있기 마련입니다. 틀림없이 관심 없는 주제일 텐데도 고개를 끄덕이며 호의적인 눈길을 주는 사람입니다. 그러면 강사는 그 사람에게 눈을 맞추고 말을 이어갈 힘을 얻습니다. 눈빛만 한 빛도 없습니다.

들어주기의 힘은 생각 이상으로 강력합니다. 누구와 대화를 많이 나누는지 생각해 보세요. 십중팔구 말 잘하는 사람이 아니라 여러분의 말을 잘 들어주는 사람입니다. 예외 없습니다. 사람은 듣는 것보다 말하는 것을 좋아합니다. 듣는 훈련이 잘 되어 있으면 대화의 고수입니다. 기본기가 탄탄하기 때문에 기술을 습득하면 할수록 일취월장합니다. 반대로 듣기 기본기가 없으면 앞으로 배울 대화의 기술들이 잔기술에 그치고 맙니다.

듣기에서 가장 중요한 기관은 '눈'입니다. '귀'가 아니어서 이상한가요? 물론 소리는 '귀'의 감각으로 들립니다. 하지만 대화는 단순히 소리만의 교류가 아닙니다. 온몸의 모든 감각을 활용한 교류가 대화입니다. 우리가 흔히 범하는 실수는 여기서 나옵니다. 대화를 음성의 교류로만 한정 지어서 다른 감각을 무시하는 실수입니다. 메시지의 90%는 음성 외의 감각으로 전달됩니다. 따라서 귀로 듣는 것은 10점짜리 대화입니다. 대화는 몸 전체를 사용하는 활동이어서 사람은 상대방의 말을 보고 듣습니다. 상대방과 눈을 맞춰야 메시지의 통로가 연결됩니다. 눈을 피하거나 다른 곳을 보고 있으면 반쪽짜리 대화가 됩니다. 정확한 메시지의 의미가 전달되지 않습니다. 못하는 영어로도 외국인과 말하면 대충 의미는 알아듣습니다. 하지만 전화로 대화하면 외국어가 아니라 외계어가 됩니다. 도무지 알아들을 수가 없습니다. 귀만 사용해서 그렇습니다. 기자 회견에서 기자들의 모습을 보면 하나 같이 손은 노트북 자판에 두고 시선은 앞을 향합니다. 비언어를 놓치지 않기 위해서입니다.

면접 심사에 참여하면 시선의 중요함을 분명히 알 수 있습니다. 준비된 원고로 또박또박 말을 이어가는 피면접인이 있습니다. 하지만 긴장해서 자신도 모르게 면접관의 눈을 피하는 경우가 있습니다. 피면접인의 준비된 완벽한 대답에도 불구하고 확신이 없다는 이미지를 강하게 남깁니다. 마찬가지로 면접관의 질문에 눈을 피해도 부정적인 이미지를 남깁니다. 시선이 중요합니다. 나의 시선을 상대에게 맞추는 것이 '말하기'고 상대의 시선에 나의 시선을 맞추는 것이 '듣기'입니다. 먼저 눈으로 메시지의 통로를 확보했다면 다음 단계는 쉽습니다. 몸짓으로 이미 확보한 메시지의 통로를 넓혀주면 됩니다. 몸을 앞으로 숙이거나 고개를 끄덕이는 것만으로도 충분합니다. 여기까지가 듣기의 세계입니다. 아직 경청은 아닙니다.

듣기와 경청의 차이는 집중력에 있습니다. 들으면서 다른 생각을 하거나 내가 할 말을 준비하고 있다면 '듣기'입니다. 경청은 상대에게 오롯이 집중하는 상태입니다. 고도의 집중에 내가 할 말이 생각나지 않는 것은 물론이고 너무 집중한 나머지 시간과 공간이 사라지는 경험이 경청입니다. 50분을 들었는데 5분도 듣지 않은 것처럼 느껴집니다. 시간이 사라지는 경험입니다. 주위 배경이 사라지고 대화의 상대만 남습니다. 공간이 사라지는 경험입니다. 이렇게 시간과 공간이 사라지는 경험이 '경청'입니다. 그래서 우리는 들을 수는 있어도 경청은 어렵습니다. 아니 불가능합니다. 오랜 시간 훈련되고 성숙하고 상대를 극도로 사랑해야 가능한 일입니다. 잠깐의 경험은 가능합니다. 사랑하는 사람과의 그때를 기억해 보세요. 사랑하는 사람의 말이 지겨

웠던가요? 어서 빨리 마치기를 기다렸던가요? 아닙니다. 지금 생각하면 별 이야기 아니었지만 그때는 인생의 결정적 대화처럼 집중했습니다. 몇 시간의 전화 통화에도 지치지 않습니다. 그 장소가 거리건 지하철이건 전혀 장소의 구애를 받지 않습니다.

경청이 가능하다면 여러분은 이미 성숙한 사람입니다. 이 책을 읽을 필요도 없습니다. 아니 이런 종류의 책을 펼치지도 않았을 겁니다. 우리 모두에게 '경청'은 꼭 가져야 하는, 그러나 너무나 어려운 과제입니다. 그래서 배우고 훈련해야 합니다. 상대의 말에 집중하는 연습을 시작합시다. 나보다 높은 사람과 이익이 되는 말에만 집중하지 말고요. 그건 힘을 쓰지 않아도 자연스럽게 됩니다. 나를 성장시키는 훈련은 익숙함이 아니라 어려운 과제입니다. 나보다 나이 어린 사람의 말에 집중합시다. 내 지시를 받는 사람의 말에 집중합시다. 이익이 되지 않는 말에 집중합시다.

강의 시간이면 집중을 위해 핸드폰을 비행기 모드로 바꿉니다. 무음모드로 해도 되지만 쉬는 시간에 휴대폰을 확인하면 집중력이 떨어지기 때문입니다. 교육이 끝날 때까지 교육생에게 집중하겠다는 의지의 표현입니다. 그런데 어느 날인가 청년과 대화를 나누면서 내가 돈이 되는 교육, 회의, 자문 시간에만 그러고 있는 것을 알게 되었습니다. 내 앞의 한 사람을 돈과 일보다 중요하게 여기지 않았습니다. 이후로는 어떤 자리, 누구와의 만남이던지 집중을 위해 동일하게 핸드폰을 비행기 모드로 바꿉니다. 경청을 위한 저만의 훈련법입니다.

'경청'은 대화의 기술이 아니라 삶의 태도입니다. 기술은 배울 수 있지만, 기초체력이 없다면 실전에서는 쓸 기회조차 얻지 못합니다. 부디 경청의 기초체력을 기르시면 좋겠습니다. 경청이 너무 먼 길이라면 듣기 훈련이라도 꾸준히 해야겠습니다. 경청이 마라톤 완주라면, 듣기는 30분 걷기입니다. 대화에 콜레스테롤이 가득 차지 않으려면 걷기라도 꾸준히 해야 합니다.

삶으로
말하기

"책 좀 봐라"

드라마를 보던 엄마가 딸에게, 야구 생중계를 보던 아빠가 아들에게 말합니다. 자녀의 반응이 어렵지 않게 예측됩니다. 부모님의 말씀대로 방으로 들어가서 책을 보는 자녀가 있을까요? 부모가 놓치는 중요한 사실이 있습니다. 자녀는 말을 귀로 듣지 않고, 눈으로 듣습니다. 듣는 것보다 보는 힘이 강합니다. 공부하라는 부모의 말보다 TV를 시청하는 부모의 모습이 뇌에 선명하게 남습니다. 그러면 자녀는 헷갈립니다. 눈으로는 TV를 시청하라는 메시지가 들어왔는데 귀로는 공부하라는 다른 메시지가 들리니까요. 혼란을 주는 사람은 피하고 싶은 법입니다. 말과 행동이 다른 부모를 자녀들은 멀리하게 됩니다. 자녀만 그런 게 아닙니다. 사람은 말과 행동이 다른 사람을 멀리합니다. 나눔을 말하면서 부를 축적하는 종교인과 정의를 말하면서 불법을 한 정치인을 생각하면 답은 명확합니다.

말의 힘은 메시지보다 메신저에 있습니다. 누가 말하느냐가 중요합니다. '나누며 살자'는 말은 누구나 말할 수 있습니다. 하지만 말의 힘은 다릅니다. 똑같은 말이라도 마더 테레사 수녀가 말했다면 결과는 다릅니다. 마더 테레사 수녀의 말은 실천에서 나왔기 때문입니다. 말이 눈에 보였습니다. 말이 삶이 되고, 삶이 곧 말이 됩니다. 성인으로 칭송하는 예수, 부처, 공자, 소크라테스도 결국은 말과 삶이 하나가 된 사람입니다. 그래서 수천 년이 지난 지금까지도 그들의 말을 듣고 따릅니다.

퇴근길 라디오에서 우울증으로 힘든 시간을 겪었던 청취자의 사연을 들었습니다. 우울증으로 고생하던 시기에 가장 큰 위로가 되었던 말을 회상하며 보낸 사연이었습니다. 친구가 했던 한 마디가 지금까지 기억되는 가장 큰 위로의 말이었다고 합니다. 친구에게 이런저런 푸념과 함께 우울증 이야기를 전했는데, 친구의 말이 지금도 생생하다고 합니다.

"참, 가지가지 한다"

위로와는 너무 거리가 먼 말입니다. 오히려 화를 내야 하는 말입니다. 그런데 위로를 얻었다니 신기한 일입니다. 사연을 보낸 사람이 이런 것을 즐기는 특이한 취향의 사람이었을까요? 사연을 보낸 사람이 얻었던 위로는 내용이 아닌 친구의 마음이었습니다. 어설픈 위로, 영혼 없는 위로가 아닌 친구를 생각하는 솔직한 마음이 전달되었습니다. 사연을 보낸 사람이 뒤돌아 생각해 보니 친구의 말에 담긴 다정함 때문에 위로를 받았던 것 같다며, 나도 누군가에게 다정함을 전해야겠다는 말로 사연을 마무리했습니다. '가지가지 한다'라는 음성이 전달되기 전에 친구는 이미 온몸과 마음과 영혼의 감각으로 메시지를 받습니다. 음성으로는 그 메시지가 확인되는 것뿐입니다. 마음으로 전달하기 어려운 세밀한 정보를 담아서 말입니다.

대화는 말의 기술이 아니라 삶의 태도가 중요합니다. 그래서 단기간에 습득하는 대화를 잘하는 비결이란 애당초 없습니다. 삶의 태도는 단기간에 기술로 길러지는 게 아니기 때문입니다. 그래서 꾸준히 훈련해야 합니다. 시간을 써야 합니다. 운동처럼 몸으로 말하는 연습을 꾸준히 해야 합니다. 자녀에게 책을 읽으라고 말하지 말고, 부모가 먼저 책을 읽어야 합니다. 꼭 책을 읽으라고 말하지 않아도 몸으로 말하고 있다는 사실을 기억해야 합니다. 집에서 책을 읽는 부모는 굳이 자녀에게 독서를 강조하지 않습니다. 행동으로 오랫동안 말했는데 굳이 입 아프게 말하지 않아도 됩니다. 꼭 책을 읽지 않는 부모가 자녀에게 독서를 강요합니다. 빌 게이츠를 키운 건 도서관이었다는 어디선가 들었던 말을 되풀이하면서 말입니다. 몸으로 말하지 못하니까 부지런히 입만 씁니다. 그렇게 열심히 입을 움직여도 효과는 별로 없습니다. 갈수록 아이는 책과 멀어집니다. 그런 모습을 지켜보며 또 말하게 되니 말하는 사람은 화나고 듣는 사람은 지치는 악순환의 반복입니다.

모범이라는 잊지 말아야 하는 말이 있습니다. 본받아 배울 만하다는 뜻입니다. 대화의 다섯 번째 방법을 요약하면 '모범'입니다. 말에 앞서 모범이 되어야 합니다. 말은 모범을 보이고 나서 해도 늦지 않습니다. 아니 그래야 말의 힘이 생깁니다. 모범을 보이지 못할 말이라면, 아쉬워도 차라리 하지 않는 게 낫습니다. 그러면 반은 갑니다. 최소한 관계는 나빠지지 않습니다.

멋진 말은
남이 하게

 마음이 입으로 나오면 말이 됩니다. 착한 사람이 선한 말을 하는 법이죠. 그래서 말의 기법을 터득한다고 해서 관계가 좋아지지는 않습니다. 마음은 그대로인데 말만 바꾼다고 관계가 달라지지 않습니다. 말하는 기법을 배우기 전에 마음공부를 해야 합니다. 먼저 마음이 움직이는 작동 원리를 알아보죠. 마음은 사람의 모든 감각이 자극을 받아서 움직입니다. 보고 듣고 맛보고 만지는 모든 감각 말입니다. 그중에서 시각적 자극이 강렬합니다. 그래서 마음에 영향을 미치는 첫째 자극이 시각이라고 생각하기 쉽습니다. 하지만 마음은 시각보다 청각에 더욱 예민하게 반응합니다. 사람이 세상을 알게 되는 첫 번째 감각이 청각입니다. 아기는 엄마 배 속에서 소리로 세상을 경험합니다. 태교에 음악이 빠지지 않는 이유입니다. 사람이 죽을 때에 마지막까지 남는 감각이 청각입니다.

마음은 사랑한다는 말에 하늘을 날고 싶다는 말에 나락으로 떨어집니다. 말이 가진 힘과 마음이 청각에 예민하다는 사실을 보여줍니다. 마음이 입으로 나오면 말이 된다고 했습니다. 여기서 놓치는 중요한 사실 하나가 있습니다. 내 입에서 나온 말은 다른 사람의 귀에 들어가지만, 똑같이 내 귀에도 들어온다는 사실입니다. 내가 뱉은 말은 남뿐이 아니라 자신에게도 영향을 미칩니다. 부정적인 말은 남의 기분만 망치지 않고, 내 마음도 다치게 합니다. 좋은 말은 남을 위해서만이 아니라 나를 위해서도 필요합니다.

긍정적인 사람이 긍정적인 말을 하지만 반대도 성립합니다. 긍정적인 말을 하는 사람이 긍정적인 사람이 됩니다. 말과 마음이 서로에게 영향을 미치기 때문입니다. 이제 관계의 대화로 돌아가서 이 법칙을 적용해 봅시다. 회사에 신입직원 한 명이 들어왔습니다. 신입인 것을 고려해도 실수가 많은 직원입니다. 안타까운 마음에 선배로서 조언을 들려줍니다. 이제 신입직원의 변화를 지켜보죠. 어떤 변화가 일어날까요? 어렵지 않게 답을 맞힐 수 있습니다. 이미 여러 번 경험했으니까요. 신입 직원에게 변화는 일어나지 않습니다. 다양한 요인이 있겠지만 말의 관점에서 분석하면 신입직원이 아무 말도 하지 않았기 때문입니다. 마음은 말에 반응하지만 아무 말에나 반응하지는 않습니다. 마음이 반응하는 말의 주파수는 따로 있습니다. 다른 주파수로는 잡음만 들립니다. 마음이 반응하는 주파수는 '나의 말'입니다. 내 마음은 내 말에 주파수를 맞추고 듣습니다.

주위 사람들을 변화시키기 위해 흔히 쓰는 훈계가 왜 그토록 효과가 없었는지를 알게 됩니다. 사람은 훈계를 듣고 변하지 않습니다. 훈계는 자극을 주고 새로운 기회를 만드는 효과가 있지만 딱 거기까지입니다. 변화의 주체는 내 자신입니다. 들었던 훈계를 내 것으로 소화해서 내가 말할 때 변화가 일어납니다. '열심히 살라'는 똑같은 말이 들려도 마음은 주인의 말을 찾아냅니다. 남의 말에는 반응하지 않고, 주인의 말에만 움직입니다. 말의 고급 기술인 '멋진 말은 남이 하게'가 나온 이유입니다. 자녀가 성실했으면 좋겠나요? 성실의 중요성을 아무리 호소해도 소용없습니다. 자녀의 입에서 '성실하게 살아야겠다'라는 말이 나오게 해야 합니다. 팀원이 책임감을 느꼈으면 좋겠나요? 마찬가지로 팀원의 입에서 '책임감'이란 말이 나와야 합니다. 물론 답답한 심정은 이해가 됩니다. 참다 참다 답답한 마음에 한 말이지만, 흘러가는 훈계로 끝날 확률이 높습니다. 그래서 '멋진 말을 남이 하게'는 실천이 어려운 대화의 최상위 기술입니다.

그렇다고 포기할 수는 없습니다. 당장에 사용하지 못할지라도 지금은 방법이라도 알고 가면 좋겠습니다. '멋진 말은 남이 하게' 기술을 쓰기 위해서는 먼저 참아야 합니다. 물론 지금도 많이 참고 뱉은 말이란 걸 충분히 이해합니다. 그러나 달리 생각하면 참았다는 건 내 기준입니다. 상대방에게는 여러분이 생각하는 것 이상의 시간이 필요합니다. 답답함을 풀기 위한 목적이 아니고 변화를 위해서라면 조금 더 참아야 합니다. 참기 위해서 필요한 것이 상대방에 대한 신뢰입니다. 어차피 안 될 거라면 기다리지 않습니다. 아니 기다릴 필요가 없습니다. 그래서 참는다는 것은 나의 인내를 시험하는 게 아니라 상대방에 대한 신뢰를 확인하는 시간입니다.

자녀를 깊이 신뢰하면 절로 격려의 말이 나옵니다. 반대로 신뢰하지 못하면 불안합니다. 불안의 마음은 말로 표현

되어 자녀에게 전달됩니다. 사실 불안의 근원은 자녀에게 있지 않고 부모님에게 있습니다. '저러다 뒤처지는 거 아닐까? 취직도 어렵고 불행한 인생 되는 거 아닐까?' 내 마음에 불안의 렌즈를 끼고서 자녀를 보면, 안 그래도 어른이 되어 가는 과정의 허점 많은 자녀는 문제투성이로 보입니다. 그렇게 많은 문제가 분명하게 보이는데 어떻게 말하지 않을 수 있을까요?

사람은 들은 대로가 아니라 말한 대로 변합니다. 그러니 부디 상대가 성장할 기회를 뺏지 말아야 합니다. 사랑과 애정과 관심에서 나온 말이어도 결과는 똑같습니다. 성장의 기회를 뺏고 변화할 시간을 뒤로 미루는 결과를 낳습니다. 내 기준으로 말하면 사랑은 분노가 되고 애정은 짜증이 되고 관심은 부담이 됩니다. 사랑은 오래 참고 견디는 것이라 했습니다. 멋진 말을 여러분이 하지 말고 상대가 멋진 말을 하게 하는 것. 그게 사랑입니다.

마음으로 나누는
대화

 말의 기술에서 가장 어려운 과제를 만났습니다. 말로 감정을 전달하는 방법입니다. 말은 소리에 불과한데 듣는 사람은 따뜻하다고 합니다. 말에 온도가 있는 것도 아닌데 따뜻한 말, 차가운 말이라니요. 말에는 생각만 태우지 않고 감정이 함께 실려서 그렇습니다. 흔히 다른 사람의 말에 설득당할 때 상대의 논리에 무릎을 꿇었다고 생각합니다. 사실은 논리에 앞서 감정에 설득당하는 때가 더 많습니다. 사람은 감정적으로 설득당하고 이성적으로 이유를 찾습니다. 이유는 모르겠는데 '그냥 설득당했다'라고 말하기에는 너무 없어 보여서요. 그래서 먼저 감정적으로 설득을 당한 이후에 이유를 찾아서 합리화합니다.

 감정을 잘 표현하면 설득력이 높아집니다. 그런데 한국

사회는 건강한 감정표현을 잘 못합니다. 개인의 문제만이 아닙니다. 감정 표현이 매우 어색하고 어쩌다 표현하면 그동안 못했던 것까지 몰아서 한꺼번에 쏟아냅니다. 감정 폭탄입니다. 감정 표현을 잘 못하니 건강한 대화가 어렵고 토론은 싸움이 됩니다. 지금 누군가와 갈등이 있다면 이해력이 부족하고 자신의 방식으로만 해석해서 말을 오해하거나 왜곡하는 그 사람만의 책임은 아닙니다. 건강하게 내 생각과 감정을 표현하지 못한 내 책임도 있습니다. 대화는 주고받기입니다. 제대로 주는 것은 내가 할 일입니다. 잘 전달해도 이해 못 한 책임은 상대에게 있지만 제대로 표현하지 못한 책임은 내 몫입니다.

어떻게 하면 감정을 정확하게 표현할 수 있을까요? 감정을 표현하기 위해서는 말의 시작점을 점검해야 합니다. 말의 시작점은 마음입니다. 마음을 들여다봐야 합니다. 왜 감정을 정확하게 표현하지 못하냐면, 내 마음을 모르기 때문입니다. 그런데 생각해 보면 매우 이상한 일입니다. 내 마음을 모른다니요. 내가 어떻게 생겼는지 알려면 거울을 봐야 합니다. 만져봐야 소용없습니다. 마음도 거울처럼 가만히 들여다봐야 보입니다. 슬픈지, 기쁜지, 즐거운지, 화가 났는지, 서운한지, 외로운지 보입니다.

 마음을 알았다면 이제 표현할 차례입니다. 잘 모를 때는 전문가에게 배워야 합니다. 마음 표현의 전문가는 어린아이입니다. 어린아이는 감정을 숨기지 않고 현재형으로 전달합니다. 감정 표현을 이렇게 잘할 수가 없습니다. 사람은 누구나 어린아이 시절이 있었습니다. 그때를 기억해 보세요. 그렇게 감정 표현을 잘하던 사람이 사회화와 잘못된 습관으로 표현력을 잃었습니다. 기억만으로는 어렵고 훈련이 필요합니다. 감정을 제대로 표현하기 위해서는 '나는'을 주어로 쓰는 연습을 하면 도움이 됩니다. 시험을 망친 자녀가 있다고 생각해 보세요.

 "엄마는 속이 상한다"

 "너는 그러고도 밥이 넘어가냐?"

 똑같이 감정을 표현했지만, 자녀의 반응은 완전히 다릅니다. '엄마는 속이 상한다'라는 말의 주어는 '나'입니다. 그래서 감정을 표현한 말이 되고, 자녀는 이해하지 못할 수는 있지만 감정을 인정합니다. '너는 그러고도 밥이 넘어가냐?'라는 말의 주어가 '너'입니다. 나의 감정 표현이 아니고, 자녀를 비난하는 말입니다. 비난받고 반성하는 사람 없습니다. 비난에는 똑같은 비난과 더 큰 분노로 저항하거나 그럴 상황이 아니라면, 침묵으로 대화의 다리를 끊어 버립니다.

감정 표현은 하루아침에 되지 않습니다. 스피치 학원에 다닌다고 될 일도 아닙니다. 매일매일 훈련해야 합니다. 훈련이라는 거창한 표현을 썼지만 매우 작은 실천입니다. '나'를 주어로 내 마음을 그때그때 알아주는 것으로 충분합니다. 나는 슬프다. 나는 기쁘다. 나는 힘들다. 나는 외롭다. 나는 행복하다. 나는 만족한다. 나는 속상하다. 나는 억울하다. 이렇게 표현한 수많은 '나는'이 모여서 건강한 표현력의 근육이 됩니다.

지금 누군가와 관계가 어렵다면 자꾸만 문제의 원인을 생각하지 말고 잠시만 시간을 가지면 좋겠습니다. 나만의 시간과 장소를 마련해서 마음을 들여다보면 좋겠습니다. 내 마음을 안다고 해서 바로 갈등이 해결되지는 않지만, 적어도 문제가 뭔지는 정확히 알게 됩니다. 정확한 진단에서 바른 처방이 나오는 법입니다. 지금 여러분의 마음은 무슨 말을 하고 있나요?

가면을 벗고
말하기

"고객님, 사랑합니다!"

사랑의 고백은 언제나 사람의 마음을 설레게 합니다. 험한 세상에서 살아갈 힘을 주는 말입니다. 그런데 백화점을 들어서는 여러분에게 직원이 이렇게 말했다고 생각해 보세요. 마음이 설레고 심장이 쿵쾅쿵쾅 뛰나요? 그렇지 않습니다. 만약에 심장이 반응한다면 그건 커피를 많이 마셔서 카페인 과다로 인한 일시적 증상입니다. 커피를 줄여야 합니다. 백화점 직원의 말은 훈련된 인사말이지 사랑 고백이 아닙니다. 인사말이니까 오해하지 말라고 알려줄 필요도 없습니다. 마음은 이미 알고 있습니다. 귀로 들어온 음성 메시지와 마음으로 전달되는 메시지를 구별한다는 말입니다. 마음은 마음에 반응합니다. 슬픈 일을 당한 친한 친구가 아닌 척 신나게 말해도 슬픔을 감추지 못합니다. 마음은 소리에 속지 않습니다. 마음은 마음의 소리를 듣습니다.

마음을 솔직히 전한다면 대화의 최상위 기술을 가진 사람입니다. 마음은 솔직한 사람을 찾습니다. 솔직한 사람을 만나면, 자신도 가면을 벗고 있는 그대로의 모습으로 나섭니다. 허물없는 사이가 되어 가식 없는 대화를 나눕니다. 솔직한 마음의 힘이 큰 만큼 전하기는 어려운 일입니다. 어떤 때는 알몸으로 나서는 기분이 듭니다. 부끄럽고 어색한 감정의 장벽이 동서남북으로 마음을 가둡니다. 그래서 솔직한 마음의 표현은 저절로 되지 않습니다. 용기가 필요합니다.

양평에서 청소년 리더십캠프가 있었습니다. 자신을 사물로 표현하는 시간이었습니다. 리더십캠프에 참여한 학생들이어서인지 다들 표현을 잘했습니다. 그런데 그날의 대상은 표현의 기본기가 아닌 솔직함에서 갈렸습니다. 그날 대상을 받은 한 학생의 말입니다.

"저는 가면입니다. 저는 어려서부터 알바를 많이 했습니다. 알바를 하다 보니 손님들에게 맞춰야 했습니다. 그래서 기분이 좋지 않은 날도 웃어야 했습니다. 언제부터인가 친구들에게도 그러고 있는 저를 발견했습니다. 저는 슬프고 힘들어도 친구들 앞에서 항상 웃고 있었습니다. 저는 그래서 가면입니다"

그러면서 했던 마지막 말이 지금도 생생합니다.

"그런데 이제는 가면을 벗고 싶습니다"

가면을 벗고 싶다는 말로 발표를 마쳤을 때 나도 모르게 눈물이 핑 돌았습니다. 한 시간짜리 감동적인 무대도 아니고 고등학생의 이 분도 되지 않은 짧은 발표에 말입니다. 다른 학생들과 비교해서 말하는 기술은 오히려 부족했지만, 말에 담긴 솔직한 마음의 무게가 달랐습니다. 마음으로 전하니 마음으로 듣게 되었습니다.

말의 힘은 기술이 아닌 진심에서 나옵니다. 뱉은 말은 사라지지만 진심은 남습니다. 그날의 다른 발표들은 기억나지 않지만, 그 학생의 말이 지금도 남는 것처럼 말입니다. 말을 잘하고 싶다면 스피치 학원을 가기 전에 진심을 담는 훈련이 먼저입니다. 훈련은 오랜 시간 반복해야 효과가 있습니다. 모든 사람에게 솔직하게 마음을 전하면 좋겠지만 꼭 그럴 필요는 없습니다. 가까운 사람에게 마음을 전달하는 훈련으로도 충분합니다. 적어도 사랑하는 사람에게는 반드시 그래야 합니다. 잠시 책을 덮고 마음을 들여다보시죠. 마음을 들여다보는 게 어색하다면 가족과 친구 한 사람을 떠올리고 고마웠던 일을 생각해 보세요. 이제 실천입니다. 핸드폰으로 문자 메시지를 보내세요. 길지 않고 문맥이 맞지 않고 표현이 서툴러도 괜찮습니다. 마음은 형식과 수단과 기술을 압도합니다.

대화의 비법,
판단중지

 원숭이를 키우는 사람이 원숭이에게 도토리를 주면서, '아침에 셋, 저녁에 넷을 주겠다'라고 말했다. 원숭이들이 모두 화를 냈다. 그러자 그 사람은 '그러면 아침에 넷, 저녁에 셋을 주겠다'라고 하자 원숭이들이 모두 기뻐했다. 명목이나 실질에 아무런 차이가 없는데도 원숭이들은 화를 내다가 기뻐했다. 그 원숭이 키우는 사람도 있는 그대로 따랐을 뿐이다. 그러므로 성인은 옳고 그름을 자유롭게 사용함으로써 대립을 조화시키고, 자연스러운 가지런함에 편안해한다. 이를 일러 '양행'이라고 한다.

- 『도에 딴지걸기』, 강신주, p40

 원숭이 키우는 사람은 원숭이를 배려해서 말했습니다.

원숭이를 화나게 하려는 의도가 전혀 없었습니다. 하지만 결과적으로 원숭이를 화나게 했습니다. 주인은 다시 제안합니다. 이번에는 원숭이가 기뻐합니다. 주인에게는 매우 당혹스러운 일입니다. 장자의 소통은 이런 당혹스러움에서 시작합니다. 왜 당혹스럽냐면 내 예측과 다르기 때문입니다. 다름을 받아들이고 생각할 시간이 필요합니다. 다름을 '타자성', 생각할 시간을 '판단중지'라고 합니다. 화내는 원숭이에게 다른 제안을 하지 않고 관계를 끝낼 수도 있습니다. 주인에게는 그런 권한이 있습니다.

이해의 기준이 무엇이냐가 중요합니다. 기준은 '나'입니다. 다른 것을 만났을 때 내 기준으로 거부하거나 기준을 바꾸어 받아들일 수 있습니다. 전자를 '고착된 자의식', 후자를 '임시적 자의식'으로 표현하기도 합니다. '고착된 자의식'을 잘못된 것이라고 단정 지을 수는 없습니다. 몸을 가지고 살아가는 우리는 항상 어떤 특정한 시간과 공간의 경험에서 벗어날 수 없는 존재이기 때문입니다. 또한 고착된 자의식의 표현인 선입견을 우리는 부정적으로 생각하는 경향이 있는데 꼭 그렇지도 않습니다. 사실 선입견이 없다면 어떤 것을 이해하거나 생각할 수 없을지도 모릅니다.

고착된 자의식으로 소통이 안 된다는 주장보다는 한계에 주목하는 것이 더 합리적입니다. 장자가 말하는 소통은 단순한 의사소통을 넘어 새로운 관계를 맺는 것입니다. 다시 이야기로 돌아가면 조삼모사 이야기의 주인공은 사람이 아니라 원숭이입니다. 원숭이가 제안을 받아들여야 끝나는 이야기입니다. 다름을 만나면 잠시 멈춰야 합니다. 내 기준으로 판단하지 말고 판단을 미뤄야 합니다. 다름을 만나서 당혹스러울 때 내 기준의 판단을 멈추는 것이 소통의 시작입니다. 그다음 시선을 상대에게로 향해서 상대의 기준을 알려고 노력해야 합니다. 구체적으로는 '임시적 자의식'이라고 표현한 중간 지대를 만들어야 합니다. 유연해야 합니다. 단단하면 변화가 어렵습니다. 중간 지대에서 만나 상대방에게 맞출 때, 나는 더욱 나다워지고 너는 더욱 너다워집니다.

타자를 고착된 자의식에 근거한 인식의 대상으로 삼으면, 타자와 공생하는 삶은 결국 파괴되고 만다. 따라서 타자성에 근거해 타자와 소통한다는 것은, 주체가 타자를 삶의 짝으로 받아들이면서 그의 이야기에 귀를 기울인다는 말이다.

- 『도에 딴지걸기』, 강신주, p43

소통의 시대입니다. 새로운 시대의 리더는 소통하는 사람입니다. 하지만 정작 우리는 소통의 원리를 알지 못합니다. 대화의 기술과 커뮤니케이션의 온갖 기법이 난무하지만, 소통의 뿌리에 대해서는 좀처럼 듣기가 어렵습니다. 뿌리를 알고 싶다면 장자의 이야기에 귀 기울여야 합니다. 장자는 말합니다. 다름이 주는 당혹감을 경험하라고요. 내 경험적 판단기준을 잠시 내려놓고 상대방에게 집중하라고요. 원숭이를 키우는 사람처럼 예상 못한 당혹감에 포기하지 말고, 한 걸음 더 내디디라고요. 그러면 상대방에 맞추느라 나를 잃어버리는 게 아니라 '나는 더 나답게 된다'라고 말합니다. 나만 그런 게 아닙니다. 내가 맞추려 노력했던 상대도 같은 변화를 경험합니다. 결국 '너'와 '나'는 이전의 경험을 넘어선 '새로운 우리'가 됩니다. 소통의 시대에 건네는 2300년 전 장자의 통찰입니다.

5장

문 앞을

말이 싹 트는 밭

 연세대 서은국 교수가 말하는 창의력의 전제조건은 긍정적 정서와 가벼움입니다. 창의력이란 나무는 긍정적 정서와 가벼움의 밭에서 자란다는 말입니다. 돌밭에 씨를 뿌리고 나무가 자라기를 바라면 안 됩니다. 부정적 정서와 무거운 분위기에서 새로운 생각이 나오지 않습니다. 새로운 생각이 자라기 위해서는 밭을 잘 골라야 합니다.

 2002년 월드컵 때의 일입니다. 히딩크 감독은 한국 축구에 창의적인 플레이가 없는 이유로 엄격한 선후배 관계를 지목했습니다. 선후배 관계가 경기장 밖에서는 아름다운 문화일지 모르지만, 경기장 안에서는 오히려 걸림돌이 된다는 지적입니다. 선배에게 공을 달라는 소리를 하지 못하고 예의를 생각하면, 새로운 플레이가 나오지 못합니다. 히

딩크 감독이 내린 특별한 조치가 경기장 안에서의 존칭 생략이었습니다. 서은국 교수의 말에 따르면 가볍게 한 것입니다. 히딩크 감독 사례가 아니어도 생활 속에서 가벼움의 중요함을 경험합니다. 잔뜩 긴장하고 있으면 평소에 쉽게 해내던 일도 실수하게 됩니다. 생각과 의지만 앞서고 무거워져서 그렇습니다.

누군가 내 말에 반대하거나 지적한다면, 말하기가 어려워집니다. 더욱이 이런 일이 반복되면 말하기 전에 자기검열을 하고, 문제가 되지 않을 적당한 표현만을 찾습니다. 문제를 일으키지는 않지만, 발전도 없습니다. 조직에서 말을 못 하는 사람도 친한 친구들과 있을 때는 사뭇 다릅니다. 그 사람인가 싶게 오히려 대화를 주도하고 재미있기까지 합니다. 친구들과의 자리가 편하고, 무슨 말이든지 할 수 있다는 가벼운 대화의 밭이 마련되었기 때문입니다.

긍정적 정서와 가벼움이란 두 단어를 기억하며, 모임을 준비해 봅시다. 장소 선정, 자리 배치, 장소 세팅, 구성 등에 어떻게 하면 무겁지 않고 밝은 분위기를 유지할 수 있는지를 고민해 봅시다. 중요한 것은 모임을 준비하는 사람의 관점이 아니라 참석자의 눈으로 생각해야 한다는 점입니다.

긍정적 정서와 가벼움의 밭만 제대로 일궈놓으면, 싹 트고 자라는 것은 힘들이지 않아도 자연스럽게 됩니다. 싹이 나오지 못할까 염려하고, 기도하지 않아도 때가 되면 나오기 마련입니다.

이를 위해서 모임을 준비하는 사람부터 긍정적 정서와 가벼움의 옷을 입어야 합니다. 이번 모임은 반드시 성공해야 한다는 결연한 의지와 어떤 난관도 극복하겠다는 사명감으로 무장하고 있으면, 참석자는 무거운 부담을 느낍니다. 말하지 않아도 눈빛, 몸짓, 억양, 분위기로 전달되어 모임 분위기를 어둡고 무겁게 만들게 됩니다.

담당자는 모임의 목적을 달성해야 하는 책임과 부담이 있습니다. 부담이 없을 수는 없지만 줄일 수는 있습니다. 가장 좋은 방법은 철저한 준비입니다. 불안은 미래를 예측할 수 없기 때문에 생기는 감정입니다. 무슨 일이 벌어질지 모르고, 참석자의 마음을 알 수 없어서 부담이 커집니다. 알면 힘들 수는 있어도 두렵지는 않습니다. 그러나 아무리 경험이 많은 담당자라도 모임에서 무슨 일이 있을지는 알지 못합니다. 알 수 없으니 다양한 변수를 생각하며 준비하는 것입니다. 걱정으로 에너지를 소비하지 말고 준비에 힘을 쏟아야 합니다. 준비한 만큼 부담이 줄고 여유가 생깁니다. 담당자가 먼저 준비되고 여유가 있어야 참석자에게 긍정적 정서와 가벼움의 밭을 제공할 수 있습니다.

민주적 모임의
유형

 뇌를 알면 모임을 어떻게 설계해야 할지가 보입니다. 학습 방법에 따른 기억의 차이를 비율로 나타낸 지표로 '평균 기억률'이란 개념이 있습니다. 평균 기억률에 따르면 뇌가 기억하는 것은 듣기 5%, 읽기 10%, 집단 토의 50%, 가르치기 90% 순입니다. 쉽게 설명하면 한 시간 동안 일방적인 강의를 하면, 뇌가 기억하는 분량은 5분이 안 된다는 말입니다. 그렇게 오랫동안 영어 공부를 했는데도 기억에 없는 이유입니다. 선진국으로 갈수록 토론형 교육이 많은 건 우연이 아닙니다. 박사과정에 발표와 가르치는 일이 많은 것도 마찬가지입니다.

 참여형 모임이 강조되는 이유입니다. 정보 제공을 목적으로 전문가 강의를 순서에 넣는 경우가 있는데 계획만큼의 효과는 미비합니다. 강의는 토의와 함께 실행되어야 효과가 있습니다. 강의만으로 끝마치면 5%만 남습니다. 평균 기억률을 이해하면 모임 설계에도 당연히 변화가 생깁니다. 핵심은 참석자 위치에서 생각하는 겁니다. 얼마를 전달하느냐보다 얼마를 받아들이냐가 중요합니다. 10개를 전달해서 2개를 받아들이게 하는 것보다 5개를 전달해서 3개를 받아들이는 게 효과적인 방법입니다. 그럼에도 자기중심적인 본능은 '무엇을 얼마나 전달하느냐?'에만 집중하게 만듭니다. 그래서 더욱더 의식적으로 참석자를 생각해야 합니다.

참석자 중심의 참여 방식을 설계한다는 전제에서 우리가 선택할 수 있는 모임 유형은 대략 문제해결형, 합의형성형, 교육연수형, 체험학습형, 자기표현형, 자기혁신형이 있습니다. 물론 한 가지 유형만 선택할 필요는 없습니다. 실제로 대부분의 모임은 유형이 합쳐진 형태입니다. 유형별 특징을 알고 모임 목적에 맞게 재구성해야 합니다.

보통의 모임은 문제해결형, 합의형성형, 교육연수형이 많습니다. 문제해결형은 비전 수립, 전략 수립, 업무 프로세스 개선, 팀 빌딩, 아이디어 수립, 환경 분석, 기획 등 비

즈니스와 관련된 모든 주제에 적용됩니다. 전통적으로 널리 사용된 문제해결형에 비하여 최근에 많이 사용되는 유형이 합의형성형입니다. 복잡해진 도시와 지역의 문제를 토론하고 합의해서 해결하는 방식입니다. 집단지성, 참여민주주의 확대와 더불어 증가하는 유형입니다. 문제해결형과의 차이점은 결과만큼이나 과정을 중요하게 다룬다는 점입니다. 문제해결형은 분명한 답이 필요합니다. 답을 찾기 위한 목적으로 모임을 설계합니다. 합의형성형은 다수가 참여하여 자유롭게 의견을 말하고 합의해 가는 과정에 중점을 둡니다. 자연스럽게 토론 방식이 많이 활용됩니다. 마지막으로 교육연수형입니다. 조직은 사람의 모임입니다. 사람의 능력이 조직의 능력이 됩니다. 기업과 기관들이 교육에 힘을 쏟는 이유입니다. 별도의 예산을 배정하여 직원 교육, 연수를 정기적으로 실시합니다. 기업만이 아니라 학교와 가정도 예외는 아닙니다. 지금까지는 일방적 강의식 교육이 많았다면 이제는 생각하고 표현하는 힘을 기르는 교육이 대세입니다.

앞서 설명했지만, 유형 중에 하나를 선택해야 하는 것은 아닙니다. 모임 유형은 디자인할 때 참조해서 활용하면 됩니다. 모임 유형 분류는 이해를 돕기 위한 것이지 실제로는 명확히 구분되지도 않습니다. 문제해결형이라고 합의 과정이 없는 것이 아니고 반대로 합의형성형에서도 분명히 해결할 문제가 있습니다. 경계도 불명확하고 복합적으로 운영됩니다. 따라서 유형을 구분 짓는 것보다는 각각의 유형이 가진 장점을 알고 사용하는 것이 바람직합니다. 다만 시대 변화에 적합한 유형이 있는데, 지금은 합의형성형의 시대라 할 만합니다.

창조적 사고

 모임으로 단번에 변화가 생기지는 않습니다. 생각이 바뀌고 행동이 변하기까지는 시간이 필요합니다. 물질에 적용되는 관성은 행동에도 똑같이 영향을 미칩니다. 오랫동안 유지한 행동일수록 변화가 더딘 원인입니다. 그래서 교육이나 모임으로 사람이 변하지 않는다는 말이 생긴 것입니다. 반은 맞고 반은 틀린말입니다. 단기간에 변하지 않는 것은 맞습니다. 교육과 모임은 변화를 위한 분명한 자극이 되지만 변화의 결과는 개인의 몫입니다. 아무리 많은 불꽃을 일으켜도 연료가 없다면, 불을 일으킬 수 없습니다. 연료를 준비하고 지속적으로 시간을 투자한 사람만이 변화의 결과를 얻습니다.

 사회심리학자 월러스(Graham Wallas, 1858~1932)의 창조적

사고 이론은 이를 증명해 줍니다. 월러스에 따르면 창조적 사고는 한순간에 생성되지 않습니다. 모든 일에 순서가 있는 것처럼 창조적 사고도 단계를 거쳐서 만들어진다고 주장합니다. 월러스는 이를 준비, 부화, 발현, 검증의 4단계로 요약했습니다. 시작은 준비 단계입니다. 재료가 있어야 요리를 할 수 있는 것처럼 생각에도 재료가 있어야 합니다. 생각의 재료가 학습과 경험으로 쌓이는 과정입니다. 재료가 준비되면 부화의 시간이 필요합니다. 알을 품고 있는 어미 닭을 생각하면 됩니다. 아무리 어미 닭이 최적 온도와 습기로 알을 품어도 충분한 시간이 지속하지 않으면 부화는 없습니다.

마찬가지로 생각의 재료가 창조적 사고로 발전하기 위해서는 부화의 시간이 필요합니다. 모임의 자극과 배움이 습관이 되기까지 시간이 필요한 것처럼 말입니다. 그렇게 시간이 지나 때가 되면, 우리가 이해할 수 있는 모습으로 생각이 떠오릅니다. 발현의 단계입니다. 발현의 뜻을 정확히 살리면, 내가 억지로 생각해 내는 게 아니라 생각이 떠오릅니다. 비틀스의 존 레넌이 자신의 음악적 영감은 낮잠 후, 카페에서 멍하니 차를 마실 때 나왔다는 말과 같은 뜻입니다.

생각이 떠올랐지만 아직 정리되어 표현할 정도는 아닙니다. 마지막 검증단계를 거쳐야 비로소 창조적 사고가 됩니다. 말과 글과 몸짓으로 타인을 향해 표현되는 단계입니다.

월러스의 창조적 사고 이론을 모임 준비에 활용하면 목표가 더욱 분명해집니다. 똑같이 모임이란 이름을 사용하지만, 여건과 목적에 따라 다른 모임이 됩니다. 준비를 위한 모임, 부화를 위한 모임, 발현을 위한 모임, 검증을 위한 모임으로 말입니다. 충분한 시간이 있으면 준비부터 검증의 단계를 거쳐서 질 높은 결과물을 만들 수 있습니다. 만약 그런 시간이 없다면, 선택해야 합니다. 세 시간의 모임으로 모든 것을 얻기에는 한계가 있습니다. 결과물이 없는 모임보다 적당한 결과물을 얻는 모임이 더 해롭습니다.

월러스의 '창조적 사고'가 말합니다. 고만고만한 모임이 아닌 변화를 위한 모임을 위해서는 준비와 시간이 필요하다고요. 조금씩 모든 것을 하지 말고 하나에 집중해야 기회가 있다고 말합니다. 부디 모임을 위한 모임, 만남에 만족하는 모임, 적당한 결과물을 만드는 모임은 이제 그만입니다. 그런 모임과 과감히 헤어집시다.

민주적 모임의 설계

요리의 시작은 메뉴 선정입니다. 집에서야 있는 재료에 맞춰서 요리할 때가 많지만 제대로 된 요리를 위해서는 메뉴를 정해야 합니다. 메뉴를 정해야 장을 봐서 재료를 준비합니다. 요리의 메뉴가 민주적 모임에서는 목적입니다. 목적이 거창하게 느껴진다면, 모임의 취지 정도로 생각해도 좋습니다. 쉽게 말해 이번 모임은 왜 하느냐는 겁니다. 목적은 분명하고 세밀해야 합니다. 구체적이지 못한 목적은 '오늘 점심 요리는 중식으로 정했다'라고 말하는 것과 같습니다. 중식의 종류는 헤아릴 수 없습니다. 언제나 선택의 고민을 안겨주는 짜장면과 짬뽕을 시작으로 탕수육, 유산슬, 팔보채로 끝없이 이어집니다. 어떤 중식을 말하는지 알 수 없고 이래서야 장을 볼 수가 없습니다. 메뉴가 구체적이면 시장에서 필요한 것만 구매할 수 있고 요리까지 일사천리로 진행됩니다. 아니면 고르는 데 시간을 쓰고 불필요한 재료 구매로 돈만 낭비할 위험이 큽니다.

모임을 준비한다면 집에 귀한 손님을 초대한 주인처럼 메뉴부터 구체적으로 고심해야 합니다. 예를 들어 직원들끼리 친해지기 위한 워크숍과 비전 수립을 위한 워크숍은 전혀 다른 모임입니다. 좋은 방법은 혼자서 생각만 하지 말고 물어보는 겁니다. 워크숍을 지시했던 부장님에게 다시 한번 분명한 취지를 물어야 합니다. 부장님에게서 끝낼 것이 아니라 가능한 많은 사람에게 물어야 합니다. 묻는 것으로 그치지 말고 내용을 기록하면 구체적 목적 설계에 도움이 됩니다.

그렇게 묻고 기록하고 기록한 것을 정리하여 다시 묻기를 반복하면, 모임의 목적이 한 문장으로 정리됩니다. 한 문장이어야 합니다. 한 문장으로 정리되지 않으면 아직 목적이 명확하지 않다는 뜻입니다. 물론 목적이 하나가 아닐 때도 있습니다. 예를 들면 팀원들끼리 친해지고, 휴식하면서 사업계획도 논의하는 식입니다. 대부분의 조직 워크숍이 그렇습니다. 그러나 담당자는 그럴수록 목적을 분명히 해야 합니다. 두 가지의 목적을 고려해도 우선순위가 있어야 합니다. 우선순위가 없다면 준비할 때부터 혼란이 생기고, 준비 기간의 혼란은 워크숍 결과에 고스란히 나타납니다.

모든 모임에는 목적이 있습니다. 동네에서 친구들과 아무 의미 없이 만나는 모임도 '함께 시간을 보내자'라는 암묵적인 목적이 있습니다. 그래도 모임의 목적을 구체적으로 정하기 어렵다면, 목적을 질문으로 만들면 도움이 됩니다. 우리는 이번에 왜 모여야 하는가? 이번 모임에서 꼭 해야 하는 일은 무엇인가? 현명한 질문에 현명한 답이 나옵니다. 먼저 주제 질문을 만들고 하위 질문을 추가하면 모임 전체의 시간구성도 자동으로 만들어집니다. 질문을 계량적으로 표현하면 목표까지 덤으로 얻습니다. 목적을 한 문장으로 압축했다면 밑그림이 완성되었습니다. 이제는 밑그림에 색을 입힐 차례입니다. 기획 회의입니다. 내 생각의 오류와 편견을 바로잡기 위해서는 다른 사람의 생각을 더하는 기획 회의를 반드시 거쳐야 합니다. 다른 사람이 없거나 그럴 환경이 안 된다면 혼자서라도 시간을 가져야 합니다.

제대로 된 '기획 회의'를 하려면, 먼저 기획과 계획의 차이를 알아야 합니다. 쉽게 설명하면 기획은 백지이고 계획은 칸이 그려져 있는 종이입니다. 여행 컨셉을 잡는 게 기획이고 컨셉에 따른 일정을 짜는 게 계획입니다. 민주적 모임 설계 단계에서 필요한 것은 계획이 아니라 기획입니다. 기획 단계에서 계획을 세우면 모임이 역동성을 잃습니다.

기획이 먼저입니다. 어떤 기획 회의에 참석해 보면, 목적은 기획인데 실제로는 계획을 세우는 일에 집중합니다. 기획 회의라고 이름은 붙어 있는데 이미 많은 부분이 정해져 있습니다. 말하기 싫어서가 아니라 아이디어를 낼 수 없는 구조입니다. 잘해야 몇 마디 덧붙여 말하거나 기획 회의를 했다는 절차만 남깁니다. 그렇다고 모임이 실패하거나 큰 문제가 발생하지는 않습니다. 다만 기획을 생략했기 때문에 새로운 변화는 기대하지 말아야 합니다. 우리가 그동안 경험했던 그렇고 그런 모임, 왜 모였는지 모르고 시간이 빨리 지나기만을 기다리는 모임이 된다는 말입니다. 기획은 모임을 준비하는 첫 단추입니다. 첫 단추를 제대로 끼워야 합니다.

첫째, 담당자의 고민이 담긴 초안이 필요합니다. 기획 회의라고 해서 진짜 백지로 시작하면 곤란합니다. 백지에서 시작해야 하는 아이디어 기획이 있긴 합니다. 하지만 우리는 지금 신제품 기획이 아닌 민주적 모임을 기획해야 합니다. 효율적인 논의를 위한 초안이 필요합니다. 핵심은 '이번 모임을 왜 하는가?'에 대한 담당자의 솔직한 생각입니다. 모임 목적에 따라서 기획 방향이 달라집니다. 기획 회의로 다양한 사람들의 생각을 모아서 모임의 목적을 설계할 수도 있지만 그래도 담당자의 생각이 중요합니다. 현재 단계에서 가장 많은 정보를 가지고 고민하는 사람이 담당자이기 때문입니다.

둘째, 사전 조사는 필수입니다. 기획이라고 하면 어느 순간 떠오르는 획기적인 아이디어만 생각합니다. 기획의 신처럼 말입니다. 그런 생각과 다르게 좋은 기획은 양질의 자료에서 나옵니다. 좋은 자료에서 좋은 기획이 나오고, 많은 자료에서 많은 기획이 나오고, 새로운 자료에서 새로운 기획이 나옵니다. 그만큼 자료가 중요하다는 말입니다. 자료라고 해서 보고서와 같은 글만 생각할 필요는 없습니다. 다른 사람의 이야기, 참석자 사전 인터뷰, 유사한 경험, 영상이 모두 자료입니다. 민주적 모임은 구성원의 참여가 필수적입니다. 따라서 먼저 참석자들이 무엇을 원하는지 구체적으로 파악해야 합니다. 가장 효과적인 방법은 직접 만나는 것인데, 전화나 메일로 대신할 수도 있습니다.

셋째, 참석자 구성이 회의 결과에 큰 영향을 미칩니다. 회의 결과가 논의 이전에 회의 참석자 구성에서 판가름 난다고 해도 과언이 아닙니다. 어떤 회의를 들어가면, 모두가 아는 사람만 있는 경우가 있습니다. 아는 사람이 많은 것 자체가 문제는 아닙니다. 친분이 중요한 게 아니라 성향이 비슷하다는 게 문제입니다. 찬성하는 사람만 모아놓고 회의할 필요는 없습니다. 시간 낭비입니다. 그건 회의라는 절차만 필요했을 뿐입니다. 그만큼 회의는 참석자 구성이 중요합니다. 전문적인 정보가 있어야 발언이 가능한 주제가 아니라면 최대한 다양한 사람으로 구성해 봅시다. 그러면 절반의 성공은 이룬 겁니다.

넷째, 기획 회의로 결정할 사항을 구체적으로 정하고 기록합니다. 기획 회의의 목적과 최종 결과물을 분명하게 정하고 기록합니다. 다음으로 컨셉을 정합니다. 컨셉은 목적을 실현하는 대략적인 방법으로 생각하면 됩니다. 모임의 목적을 어떻게 하면 가장 효과적으로 이룰 수 있을지를 생각합니다. 목적과 컨셉을 어느 정도 완성했다면 이제 정상이 코앞입니다. 나머지는 대략적인 시간 배정, 참석자 구성, 장소, 자리 배치 등의 세부적인 사항들을 결정하면 됩니다. 꼭 기획 회의 시간에 모두 결정할 필요는 없습니다.

마지막으로 회의보다 공유가 중요하다는 사실을 기억해야 합니다. 그렇다고 모든 회의 내용을 깨알같이 정리해서 공유하는 불필요한 일은 하지 말아야 합니다. 최종 결과물에 집중해서 목적과 컨셉, 그밖에 결정된 사항을 중심으로 간략하게 공유합니다. 공유는 기억에 남기는 효과적인 방법입니다. 메일이나 문서로 회의 결과물을 받아보면, 다시 모임을 생각하는 기회가 됩니다. 담당자로서 다른 사람이 모임을 한 번 더 생각하게 만드는 효과가 있습니다. 나중에 다른 소리 못 하게 만드는 효과는 덤입니다.

참여율을 높이는
참석자 구성법

 회의에서 가장 높은 참여율을 보이는 사람은 누구일까요? 정답은 회의 담당자입니다. 누구와도 비교할 수 없는 참여율 100%의 독보적 존재입니다. 그럴 수밖에 없습니다. 담당자는 중요한 역할이 있습니다. 회의를 사랑하는 사람 없습니다. 참여율을 높이는 방법이 나왔습니다. 참여율을 높이기 위해서는 역할이 필요합니다. 회의가 지루하고 의미 없게 느껴진다면 참석자의 역할이 없다는 뜻입니다. 정신력으로 버텨 보지만 말할 기회도 없고, 모임의 소수가 말을 독점하니 그나마 남았던 참여의지마저 사라집니다. 그때부터 회의 안건이 아니라 졸음과 사투를 벌입니다. 생각은 안드로메다를 헤매며 회의록에는 낙서가 가득해집니다. 문제도 알고 답도 찾았으니 남은 건 실천입니다. 회의에 필요한 역할을 알고 맡겨봅시다.

먼저, 의장 역할이 있습니다. 의장은 회의를 진행하는 사람입니다. 자기 생각과 기분대로가 아니라 약속된 규칙대로 진행하는 사람입니다. 한국의 조직문화에서는 리더만 수행하는 역할로 잘못 알고 있습니다. 마지막에 회의실로 들어온 리더의 '자 이제 시작하지'라는 말로 개회하여 마지막에 '이쯤에서 끝내지'라는 말로 요약되는 역할입니다. 하지만 의장 역할을 꼭 리더가 수행할 필요는 없습니다. 리더가 개회를 선언하고 순번을 정해서 의장 역할을 하거나 회의 안건과 관련한 정보가 많은 사람에게 맡겨도 됩니다. 의장만 바꿔도 회의 분위기가 새로워집니다.

다음으로 모임 내용을 기록으로 남기는 역할이 있습니다. 이전에는 나이가 어리거나 연차가 낮은 팀원이 맡던 역할이었습니다. 회의록 작성으로 문서 작성 능력을 높이는 의도가 있었습니다. 그러나 회의를 위해서는 좋은 방법이 아닙니다. 오히려 경력이 많은 사람이 작성하는 게 더 효과적입니다. 요리 초보자는 요리만도 벅차지만, 경험이 많으면 말하면서도 요리가 가능합니다. 신입직원이 회의록 작성을 맡았다면, 신입직원은 아무런 의견도 내지 못합니다.

기록하는 것만으로도 용량 초과입니다. 가장 아이디어가 넘치는 사람의 손발을 회의록으로 묶은 격입니다. 요즘은 녹취록을 만들어주는 어플을 사용해서 기록의 부담을 덜 수도 있습니다.

다른 역할은 소셜 네트워크 기업 링크드인(Linkedin)에서 사용하는 RAPID 방법을 알면 도움이 됩니다. RAPID는 아이디어 제안인(Recommender), 안건동의인(Agrees), 결정이행인(Performer), 견해제공인(Input), 의사결정인(Decision-Maker)의 첫 글자로 만든 회의 참석자 구성법입니다.

첫째, 아이디어를 제안한 사람이 있어야 합니다. 논의하려면 재료가 있어야 합니다. 재료를 찾는 회의도 있지만, 회의는 안건이 있어야 소집됩니다. 회의 안건과 관련된 아이디어를 제안한 사람은 회의에 꼭 필요한 사람입니다. 둘째, 안건에 동의하는 사람이 있어야 합니다. 누군가 아이디어를 제안했다고 그때마다 회의를 소집할 수는 없습니다. 제안한 안건에 동의하는 사람이 있어야 회의 소집과 진행이 가능합니다. 처음부터 안건에 반대하는 사람을 참여시킬 필요는 없습니다. 이후에 토론 과정에서 참여할 기회가 충분히 있습니다. 셋째, 결정한 사항을 실행하는 사람이 있어야 합니다. 회의 결과로 인사제도 변경을 결정했다고 가정해 봅시다. 결정 과정에 인사 담당자가 없다면 중요한 변수를 고려하지 못해서 논의한 사항이 허사가 될 수도 있습니다. 결정 과정에 담당자가 참여하지 않았기 때문에 결정된 사항을 추진할 동기부여도 되지 않습니다. 넷째, 안건과 관련된 정보를 많이 습득한 사람이 있어야 합니다. 아이디어는 이제 시작 단계로 정보가 부족합니다. 아이디어를 보완하고 검증하기 위해서 정보를 많이 습득한 사람이 참석하면 부족한 정보를 보충하고 위험 요소를 점검할 수 있습니다. 다섯째, 논의된 내용을 확정할 수 있는 사람이 있어야 합니다. 아무리 치열한 회의로 목표한 결과를 얻었다 할지라도 실행 과제로 확정되지 않으면 회의 결과가 백지로 전락할 수 있습니다. 치열한 논쟁과 합의가 헛수고가 되는 지름길입니다. 결정권자가 참여하거나 결정권을 위임받은 사람이 반드시 있어야 합니다.

RAPID 방법을 활용하면 회의 참석자 구성에 도움이 되지만 현실적으로 어려울 수도 있습니다. 그렇다면 최소한 이것 하나만은 기억해도 좋겠습니다. 관행적인 전원참석만은 하지 맙시다. 회의 참석자 구성과 참여율을 높이는 방법을 고민해 봅시다. 회의는 누구를 참석시킬지 고민하는 순간부터 시작됩니다. 참석자를 생각했다면 과감하게 역할을 맡겨봅시다. 사람은 책임만큼 성숙하는 법입니다. 성숙해야 독립하는 게 아니라 독립해야 성숙하는 것처럼 말입니다.

참석자의 유사성과
다양성

 모든 모임의 소통 수단은 말입니다. 모여서 글로 생각을 주고받는 건 이상합니다. 말로 대화를 나눌 수 있어야 모임이 성립됩니다. 독재자의 독백이 아니라면 대화에는 상대가 있습니다. 대화의 상대가 누구냐에 따라서 대화의 양과 질이 달라집니다. 똑같은 주제로 말해도 대화가 잘 되는 사람이 있고, 벽처럼 느껴지는 사람이 있습니다. 팀장과의 대화에서 좀처럼 입을 열지 못하는 사람도 친구 앞에서는 수다쟁이가 됩니다. 모임을 디자인하면서 고민되는 부분입니다. 말을 잘하도록 비슷한 사람끼리 그룹을 만들까요? 아니면 다양한 의견을 위해서 성향이 다른 사람들로 그룹을 구성할까요?

 정답이 하나인 질문은 아닙니다. 모임의 목적과 특성이

다르니까요. 그럼에도 하나를 선택한다면 다양한 성향의 사람들로 그룹을 만드는 게 좋습니다. 민주적 모임은 사람들에게 해답이 있다는 전제에서 출발하기 때문입니다.

우리의 역할은 불쏘시개처럼 발화를 위한 자극을 주는 겁니다. 자극을 주면 사람들의 다양성이 목적을 향해서 움직이게 됩니다. 핵심은 다양성입니다. 하나의 의견이라면 굳이 많은 사람이 모여서 시간과 힘을 쏟지 않아도 됩니다. 사람들의 동의를 구해서 일을 추진하면 그만입니다. 다양한 소통을 위해서는 다양한 사람이 모여야 합니다. 경력이 많은 직원과 신입, 남자와 여자, 중년과 청년, 공공과 민간이 함께 있어야 합니다.

모임 전에 참석자 명단을 펼쳐 놓고 고민해야 합니다. 어떻게 그룹을 만들어야 목적 달성에 가장 효과적인지를 말입니다. 정답도 없고 누가 알려주지도 않습니다. 고민만큼 좋은 결과물이 나옵니다. 다른 성향으로 그룹을 만드는 것만이 진리도 아닙니다. 예를 들면 위계가 뚜렷한 집단에서는 비슷한 직급끼리 그룹을 만들어야 대화가 원활합니다. 관리자 앞에서 조직의 문제를 조목조목 당당하게 열거할 수 있는 직원이 얼마나 될까요. 그런 경우라면 관리자와 실무자를 구분해서 그룹을 만들어야 합니다. 비슷한 성향과 다른 성향의 그룹을 섞어서 사용할 수도 있는데, 짧은 시간에는 사용하기 어렵고 그룹이 변동될 때 주의가 산만해지는 단점이 있습니다.

다른 성향의 사람들로 그룹을 만들 때도 주의할 점이 있습니다. 먼저 다른 성향의 사람들로 구성하는 이유를 참석자에게 충분히 설명해야 합니다. 주최 측이 임의로 그룹을 배정하는 것보다 추첨으로 참석자들이 선택하면 불만이 적습니다. 예를 들면 남자와 여자, 경력자와 신입직원처럼 기본 그룹을 분류해서 참석자에게 자리를 선택하게 하면 다양성을 확보하면서도 참석자의 불만을 줄이는 효과가 있습니다.

다른 성향이나 비슷한 성향으로 그룹을 만들어서 끝까지 그 형태를 고집할 필요는 없습니다. 현장에서는 언제나 예상과 다른 반응이 나옵니다. 아닌 줄 알면서 끝까지 가보는 것만큼 어리석은 일도 없습니다. 아니라고 생각되면 과감하게 멈추고, 양해를 구한 다음 그룹을 다시 만드는 용기를 내야 합니다.

복지 실무자 네트워크 워크숍을 진행했을 때의 일입니다. 주최 측에서 사전에 그룹을 만들어 놓은 행사였습니다. 이미 행사가 시작되었는데 그룹 구성에 문제가 있어 보였습니다. 아마도 비슷한 기관끼리 그룹을 만든 것 같은데 전혀 효과가 없어 보였습니다. 역시나 단상에 올라가서 모임을 진행하니 전혀 집중도 되지 않고, 분위기만 처져 있었습니다. 좀처럼 분위기를 끌어올리기가 어려웠습니다. 고민 끝에 참석자들에게 이유를 설명하고, 양해를 구해 그룹을 다시 만들었습니다. 물론 자리를 옮기는 번거로움과 분위기를 다시 집중시켜야 하는 부담이 있었지만, 확연히 달라진 분위기로 모임을 진행할 수 있었습니다. 아마도 그룹을 다시 만들지 않고 계속 진행했더라면 기억에 남을 실패한 모임이 되었을 겁니다.

모임 전에 그룹 구성으로 고민하고 있다면 잘하고 있다는 증거입니다. 제발이지 지난번에 성공했던 모임의 기억은 지워야 합니다. 그것은 그때 그 사람들과의 일입니다. 여러분 앞에는 다른 시간과 다른 사람이 있습니다. 내 경험과 계획에 사람을 맞추지 말고 내가 사람에 맞춰야 합니다. 그렇게 고심해서 그룹을 구성했어도 뜻대로 안 될 수가 있습니다. 그럴 때는 과감히 바꾸는 용기가 필요합니다. 늦지 않았습니다. 그룹 구성이 잘못 되면 아무것도 안 됩니다. 차라리 소통은 포기하고, 강의로 새로운 정보라도 전달해 주는 게 나을 수 있습니다. 꺼진 불 다시 보듯이 참석자 명단 다시 한번 봅시다.

모임의 질을 좌우하는 장소

　모임은 날씨와 장소만 좋으면 뭐를 해도 된다는 말이 있습니다. 조금 과장된 측면이 있지만 모임의 핵심을 담은 말입니다. 사람은 환경의 지배를 받습니다. 영향을 받는다는 정도로는 부족합니다. 비가 내리는 스산한 아침에 상쾌한 기분으로 출근하기 어렵습니다. 반대로 구름 한 점 없는 파란 하늘에는 절로 발걸음이 가볍습니다. 모임은 시작이 중요한데 좋은 날씨만 한 오프닝도 없습니다. 날씨가 좋으면 모임 참석자의 기분이 좋습니다. 반대로 비 오는 날에 처진 분위기를 끌어올리려면 몇 배의 힘을 써야 합니다. 하지만 날씨가 아무리 중요해도 우리가 통제할 수는 없습니다. 담당자가 마음 다해 기도해도 날씨는 뜻대로 되지 않습니다. 날씨와 장소가 중요하다고 했는데 이제 남은 건 장소입니다.

장소가 모임의 성패에 중대한 영향을 미칩니다. 똑같은 내용의 모임이라도 서울 도심에서 하는 것과 제주의 푸르른 바다를 바라보며 하는 것에는 하늘과 땅만큼의 차이가 있습니다. 차이의 원인은 참석자의 집중력에 있습니다. 모임의 목적을 달성하기 위해서는 참석자를 집중시키는 게 첫 번째 과제입니다. 더 정확하게는 뇌가 집중돼야 합니다. 뇌는 2~3kg의 무게에 하루 열량의 20~30%를 소비하는 생존을 위해 최적화된 신체 기관입니다. 생존을 위해서는 에너지를 아껴야 합니다. 그래서 반복되는 정보는 패턴으로 만들어 뇌의 활동을 최소한으로 줄입니다. 반복되는 활동에는 뇌가 반응하지 않는다는 말입니다.

뇌는 새로운 정보에 반응합니다. 자극입니다. 여행의 기억이 오래가는 이유입니다. 새로운 장면, 새로운 소리, 새로운 냄새에 자극을 받아서 뇌가 활발히 움직입니다. 뇌를 이해하면 모임 장소로 어디가 좋고 나쁜지가 예측됩니다. 뇌가 집중하기 어려운 장소는 회사, 집처럼 익숙한 곳입니다. 익숙한 정도가 아니라 편안하기까지 해서 좀처럼 긴장이 되지 않습니다. 능력 있는 외부 강사가 투입되면 조금 낫기는 하지만 집중력이 길게 가지는 않습니다. 아무리 집중하려고 노력해도 뇌는 알고 있습니다. 이곳은 익숙하고 편안한 곳이니 긴장할 필요가 없다고요. 회사 워크숍을 굳이 외부에서 하는 이유입니다.

어떤 모임에도 적합한 절대적으로 좋은 장소는 없습니다. 팀원들의 소통과 쉼이 목적이라면 카페는 적합한 모임 장소입니다. 그러나 신규 사업 기획을 위한 정보 분석이 목적이라면 카페는 적합하지 않습니다. 장소를 정했다면 다음으로 공간을 생각해야 합니다. 제주 바닷가에 있는 고급 리조트는 누구나 선호하는 모임 장소입니다. 그런데 회의실이 지하 어두운 공간에 있다면 투입한 예산이 아깝습니다. 야외 프로그램으로 구성된 게 아니라면 실질적으로 모임이 진행되는 장소가 중요합니다.

공간을 고려하는 가장 중요한 요소를 하나만 꼽으라면 단연 채광입니다. 자연광이 잘 들어오는 장소가 좋습니다. 참석자의 생각을 끌어내는 데 빛만 한 것이 없습니다. 인테리어의 완성은 조명인 것처럼 모임 공간 구성의 완성은 빛입니다. 자연 채광의 중요성을 알면서도 빛을 활용하지 못하는 이유가 있습니다. 빔프로젝터 때문입니다. 파워포인트를 사용하는 모임이 일반화되면서 자연히 빛을 가리거나 차단된 장소에 익숙하게 되었습니다. 반대로 생각하면 파워포인트만 포기해도 장소 선정과 자리 배치가 매우 자유로워집니다. 꼭 필요한 경우가 아니라면 자연 채광을 충분히 활용하는 방법을 고민하면 좋겠습니다. 동해 바다가 삼면으로 펼쳐지는 고급 리조트에서 워크숍을 진행한 경험이 있습니다. 장소는 더할 나위 없이 좋았지만, 참석자는 워크숍 내내 어두운 공간에서 빔프로젝터를 봐야 했습니다. 제 시간이 되었을 때 빔을 끄고 커튼을 열었습니다. 전면 가득히 동해 바다가 펼쳐지자, 참석자들이 약속이라도 한 것처럼 감탄사를 내뱉었습니다. 이러면 아이스브레이킹이 필요 없습니다.

채광과 함께 고려할 사항이 공간의 여유입니다. 너무 좁으면 참석자들이 품어내는 이산화탄소와 열기에 답답합니다. 공간이 좁으니 몸이 조여서 여유 있는 생각도 어렵습니다. 모든 새로운 것은 여유에서 나오는 법입니다. 반대로 공간이 너무 넓으면, 소리가 울리고 부족한 느낌이 듭니다. 넓은 강당에 혼자 서있는 기분을 떠올리면 됩니다. 공간의 크기는 참석자의 1.5~2배 정도가 적당합니다. 채광과 천장의 높이를 고려해야 하지만, 대략 10명 규모의 모임이라면 15~20인용 규모가 모임 진행에 좋습니다.

마지막으로 어떤 장소를 정해도 각오할 것이 있습니다. 장소 선정의 노고에도 불구하고 언제나 불만을 가진 참석자가 있다는 사실입니다. 모든 사람이 바다를 좋아하지 않습니다. 산을 좋아하는 사람이 있고 호텔을 선호하는 사람이 있고 캠핑을 원하는 사람이 있습니다. 참석자의 모든 취향을 맞출 수는 없습니다. 소수의 불만은 담당자의 운명으로 받아들이고 각오해야 합니다. 2~3가지의 장소를 정해 모임 참석자의 선택으로 선정하는 방법도 있지만, 불만을 줄이기는 해도 없앨 수는 없습니다. 최대한 많은 사람의 의견을 듣고 반영하되 최종적으로 정했으면, 확신을 가지고 준비에 집중해야 합니다. 이미 버스는 출발했습니다. 돌아보면 위험합니다. 앞을 봅시다.

자리 배치가
메시지

 자리가 사람을 만듭니다. 개인의 능력보다 시스템과 직책의 중요성을 강조하는 말입니다. 민주적 모임도 자리가 중요합니다. 자리가 모임의 역동을 올리기도 내리기도 합니다. 말이 풍성해지는 자리가 있고 모두를 관객으로 만드는 자리가 있습니다. 자리 배치가 대화의 양과 질을 좌우합니다.

 학창 시절 교실을 생각해 보세요. 교탁 앞에 선생님이 계시고 학생들은 일자로 줄을 맞춘 책상에 앉아 있습니다. 선생님과 학생의 친밀한 대화는 어렵습니다. 가르치는 사람과 배우는 사람이 확연히 구분되는 자리 배치입니다. 똑같은 교실인데 그룹으로 자리가 배치되어 있습니다. 선생님께서 말씀하지 않으셔도 오늘은 토의 수업을 할 것으로 생각합니다. 자리 배치는 그것만으로 교육 방식을 알려줍니다.

환경이 중요합니다. 말 못하는 사람은 없고 말 못 하게 만드는 환경만 있습니다. 모임을 기획할 때 환경에 대한 고민이 깊어야 하는 이유입니다. 사랑하는 사람에게 고백하는 자리와 친구들과 잡담 나누는 자리는 다릅니다. '미디어가 메시지가 된다'라는 마셜 매클루언(Marshall Mcluhan)의 통찰은 모임에서도 똑같이 적용됩니다.

자리 배치가 곧 메시지입니다. 모임 장소를 마음대로 못 할지라도 최소한 자리 배치만큼은 고심해야 합니다. 자리 배치에 정답은 없습니다. 모임 목적과 참석자 특성을 고려해서 고심한 자리 배치가 최적의 자리 배치입니다. 반대로 고심 없이 원래 있던 자리대로 진행하는 게 최악의 자리 배치입니다. 물론 자리 배치를 바꾸다 보면 시행착오를 겪고 참석자의 원망을 들을 수도 있습니다. 변화를 싫어하는 사람이 있고 변화에는 항상 저항이 따르기 마련입니다. 그래서 저항을 만나면 오히려 기뻐해야 할 일일지도 모릅니다. 변화가 시작되었다는 신호니까요.

그럼 어떻게 자리를 배치해야 할까요? 먼저 모임의 목적을 생각해야 합니다. 자리 배치만이 아니라 모임의 모든 것들이 항상 목적을 향하고 있어야 합니다. 그중에서도 앞서 강조한 환경의 시작점인 자리 배치는 더욱 그렇습니다. 아무리 좋은 장소에서 최신 트렌드의 자리 배치를 했더라도 목적을 고려하지 않았다면 화려한 기교에 지나지 않습니다. 장소 선정이 좋았다는 칭찬을 받을 수는 있지만 모임의 목적 달성은 별개의 영역입니다. 자리를 배치하기에 앞서 목적을 다시 한번 떠올려야 합니다.

목적을 떠올렸다면 자리 배치와 관련하여 목적을 조금 더 구체적으로 생각해야 합니다. 목적이 구체적일수록 자리 배치도 세밀해집니다. 목적에 집중해서 자리 배치를 시작했다면 다음으로 고민해야 하는 중요한 요소는 참가자의 특성입니다. 연령, 성별, 경력, 종교, 지역에 따른 기본적인 특성부터 조직별로 오랜 기간 형성된 고유의 특성을 고려해야 합니다.

결국 모임을 만들고 목적을 실현하는 주체는 사람입니다. 사람을 위한, 사람에 의한 모임이어야 합니다. 사람에 대한 고민이 없다면 모임 기술은 의미가 없습니다. 분위기를 밝게 만들겠다고 어르신들 모임에서 최신 아이돌 음악을 틀어 놓으면 이상합니다. 음악이 모임 분위기를 밝게 만드는 게 아니라 난감하게 만듭니다. 사람을 생각하지 않고 기교를 부린 결과입니다.

사람을 생각할 때 유의할 점은 예측의 한계입니다. 자신의 경험과 사회 일반적인 통념으로만 예측하면 참석자의 욕구를 반영하기 어렵습니다. 대한민국에 거주하는 20대 남자라는 정보만으로 한 사람의 인생을 설명할 수 없습니다. 타고난 기질과 살아온 환경이 너무도 다릅니다. 그럼에도 사람을 소홀히 하고 자신의 경험으로만 예측하면 갈등을 피할 수 없습니다. 가장 위험한 생각은 '나는 참석자를 안다'라는 자만심입니다. 안다고 생각하면 더 알려는 노력을 소홀히 하게 됩니다. 그러면 앞서 말한 것처럼 사람은 빠지고 기교만 남아서 사람을 위한 모임이 아니라 모임을 위한 모임이 됩니다.

제 아버지께서는 화초를 아끼십니다. 간혹 잘 키우신 화초를 가져가라고 주십니다. 그래서 집에 가져오면 화초들이 계절을 넘기지 못하고 시들어 버립니다. 그렇다고 제가 물을 주지 않는 것은 아닙니다. 아버지와 저는 화초에 똑같이 물을 주지만 중요한 차이점이 있었습니다. 저는 화초에

물을 줄 때라고 판단될 때 물을 줍니다. 아버지께서는 화초가 물을 달라고 요청할 때 물을 주십니다. 저의 판단이 예측이고, 아버지의 행동이 관심입니다. 그렇다면 아버지께서는 화초의 요청을 어떻게 아셨을까요? 화초와 대화를 나누시는 것일까요? 아버지께서는 화초를 지켜보셨습니다. 화분의 흙과 화초의 잎을 오랜 시간 지켜보셨습니다. 오랫동안 마음을 다하여 보시니 알게 되셨습니다. 마음을 다하여 보는 것이 관심입니다. 화초는 말을 못 하니 지켜보는 것밖에 방법이 없지만, 사람은 말할 수 있습니다. 그러니 물어보면 됩니다. 뭐가 필요한지, 얼마나 필요한지 물어보면 알게 됩니다. 관심이 생기면 질문이 많아집니다.

모임 참석자를 예측하지 말고 물어봅시다. 모두에게 묻는 것이 어렵다면 소수의 참석자에게라도 애정을 담아 물어봅시다. 그러면 참석자의 깊은 소리가 들리고 최적의 자리 배치가 보이게 됩니다. 자리 배치가 사람을 만듭니다.

빛을 활용한
자리 배치

인테리어의 마무리는 조명이란 말이 있습니다. 어떤 조명을 쓰냐에 따라서 따뜻한 분위기가 차가워지기도 하고 반대로 차가운 분위기가 밝아지기도 합니다. 인테리어는 종합예술입니다. 가구나 벽지의 질감, 향기, 배치 등 감각 요소를 복합적으로 고려합니다. 그럼에도 가장 중요한 감각은 역시 시각입니다. 먼저 눈으로 보고 평가합니다. 조명 전문가가 아니어도 본능적으로 빛에 반응합니다. 그래서 인테리어의 정점은 조명이 됩니다.

모임 자리 배치에도 빛이 중요합니다. 목적에 맞게 빛을 활용해야 합니다. 대낮 운동장에서 이야기하는 것과 은은한 조명의 카페에서 대화하는 것은 다릅니다. 똑같은 내용이어도 전달력은 크게 달라집니다. 은은한 조명의 카페가 좋다는 결론은 성급합니다. 자연광과 조명 아래서 적합한 이야기가 따로 있기 때문입니다. 모임에서도 밝은 공간이 좋을 때가 있고, 집중을 위해 약간은 자연광을 차단해야 할 때가 있습니다. 핵심은 빛을 목적에 맞게 사용해야 한다는 점입니다. 목적에 맞는 장소를 구해야 하고 다음으로 빛을 고려한 자리 배치가 필요합니다.

특별한 경우를 제외하면, 창문으로 자연광이 들어오는 밝은 분위기가 대화하기 좋습니다. 민주적 모임은 연인들의 은밀한 대화를 목표로 삼지 않습니다. 자기 생각과 감정을 자유롭게 표현하는 대화가 목적입니다. 자연광을 활용하는 것도 기술이 필요합니다. 먼저 빛이 들어오는 방향을 고려해야 합니다. 자연광을 활용하는 장소라면 빛을 정면으로 보거나 등지는 자리 배치는 좋지 않습니다. 정면을 보면 눈이 시리고, 등지면 사진의 역광처럼 어두워집니다. 빛이 옆으로 들어오는 자리 배치가 좋습니다. 자연광이 없는 실내도 원리는 똑같습니다. 실내라면 빛이 천장에서 아래로 비춥니다. 조명이 밝은 부분을 중심으로 자리를 배치하면 좋습니다. 앞부분 조명이 밝으면 그곳부터 자리를 배치하면 좋고, 만약에 단상이 있어서 어렵다면, 단상을 정면으로 보거나 등지지 말고 옆으로 배치하면 자연스럽습니다.

지금까지 모임의 자리 배치를 하면서 빛을 생각한 적이 없다면, 빛을 생각해 보는 것만으로도 변화가 시작된 것입니다. '이 정도 모임에 뭐 빛까지 생각하냐'라고 반문할지도 모르겠습니다. 모임이 아니라 사람을 위해서 그래야 합니다. 사람을 귀하게 여기면, 빛마저도 생각하게 됩니다. 사람에 대한 배려는 자연스럽게 묻어 나옵니다. 이런 배려가 쌓여서 모임의 성패를 가릅니다. 그러니 빛을 생각하고 자리를 배치합시다. 태초에 빛이 있었습니다.

시작이 전부다

 시작이 반이라고 합니다. 민주적 모임에서 시작은 반이 아니라 전부입니다. 시작을 잘해도 생각과 경험이 다양한 사람들을 같은 방향으로 이끄는 것은 매우 어려운 일입니다. 시작을 망치면 몇 배의 힘을 쏟아부어도 어렵습니다. 돌아선 사람들의 마음을 움직이는 것만큼 어려운 일도 없습니다. 아무리 정교한 프로세스를 계획했어도 시작을 망치면 소용이 없습니다. 시작도 못 하고 끝나는 경기가 되어 버립니다. 공항에서 심하게 다투는 여행객을 생각해 보세요. 최고의 숙소와 일정을 마련했더라도 지금부터는 여행이 아닙니다. 비행기가 물 건너가야하는데 즐거움이 물 건너갔습니다. 특히나 사람들의 참여와 소통이 중요한 민주적 모임에서는 강조하고 또 강조합니다. 시작이 전부입니다.

오프닝에는 아이스브레이킹, 참석자 소개, 기대 사항 청취, 일정과 아젠다 공유, 진행 방식 설명 등이 포함되어 있습니다. 상황에 따라 오프닝 방식은 다르겠지만 어떤 것을 포함하든지 충분한 시간을 가져야 하고 준비해야 합니다. 식상한 인사말과 애드리브 정도로 오프닝을 넘길 생각이라면 모임을 망치기로 마음먹은 것과 같습니다. 오프닝은 몇 배 더 치밀하게 준비해야 합니다. 유머 하나도 말입니다. 경험을 믿고 애드리브로 오프닝을 시작하면 절대로 안 됩니다. 능숙한 진행도 자연스러워서 애드리브처럼 보이는 것이지 실제로는 사전에 치밀하게 계획하고 충분히 연습한 결과입니다.

그렇다면 어떻게 오프닝을 준비하면 될까요? 오프닝을 설계하기 전에 다시 한번 목적을 점검해야 합니다. 오프닝은 다양한 참석자들이 같은 곳을 보게 하기 위해서입니다. 사람은 보이는 대로 보지 않고, 보고 싶은 대로 봅니다. 사람은 자기중심적으로 보고, 듣고, 말하고, 생각합니다. 사전에 아무리 모임의 목적을 공지했어도 참석자는 자신의 경험으로 해석합니다. 심지어 모임의 목적을 모르고 참석하는 사람도 있습니다.

오프닝은 모임 목적을 확인하고 공유하는 시간입니다. 그렇다고 모임의 주관자가 일방적으로 목적을 설명하면서 모임의 당위성만 말하면 역효과가 발생합니다. 참석자의 마음을 열어야 하는 오프닝이 반대로 마음을 굳게 닫히게 합니다. 오프닝은 생각을 하나로 만드는 게 아닙니다. 그건 모임이 진행되면서 서서히 이뤄낼 과제이고 지금은 모임의 목적을 확인하고 참석자의 다양한 생각을 공유하는 것으로 충분합니다. 그래야 오프닝으로 다음 단계인 자유로운 소통의 분위기를 만들 수 있습니다.

사람들이 모임을 기다리면 좋겠지만 대부분 그렇지 않습니다. 오히려 반대입니다. 필요성을 느끼지 못하고 생각 없이 몸만 앉아 있는 때가 더 많습니다. 이런 닫힌 분위기에서는 목표한 결과물을 얻기가 어렵습니다. 아니면 진심이 빠진 결과가 도출되어 실행력을 얻지 못합니다. 채홍미 국제공인 퍼실리테이터는 오프닝에서 퍼실리테이터의 역할을 컨디션 조절자로 말하기까지 합니다. 모임의 컨디션을 조절하는 능숙한 퍼실리테이터가 되기는 어렵지만 최소한 분위기를 망치지는 말아야 합니다. 아이스브레이킹은커녕 아이스메이킹이 되어서는 곤란합니다.

오프닝에 아이스브레이킹, 심지어 간단한 게임을 넣는 이유입니다. 웃기기 위해서가 아니라 모임을 진행할 좋은 밭을 만들기 위한 목적 때문입니다. 그런 뜻에서 유머가 있으면 좋겠지만 없어도 오프닝에 문제가 되지는 않습니다. 핵심은 컨디션 조절자가 되어 분위기를 조성하는 것입니다. 오프닝에서 진행자가 컨디션 조절자가 되어야 이후의 일정을 모임 목적에 맞춰 주도적으로 진행할 수 있습니다.

마지막으로 공감대 형성을 위해서 오프닝이 필요합니다. 공감대를 너무 어렵게 생각하거나 높은 수준으로 생각할 필요는 없습니다. 처음 만난 사람과 공감대가 생기지는 않습니다. 공감은 이야기를 나누고, 밥을 먹고, 오랜 시간을 함께 보내면서 자연스럽게 생깁니다. 오프닝은 높은 수준의 공감대를 만드는 것이 목표가 아닙니다. 오프닝은 공감대를 만드는 시작점이 됩니다.

정시 시작
노하우

어떤 모임이든지 약속한 시각에 시작합니다. 이유 불문입니다. 천재지변 정도가 아니라면 예외는 없습니다. 설사 천재지변이라도 모임을 취소할 게 아니라면 정각에 시작해야 합니다. 그런 다음 양해를 구하거나 다른 방법을 찾아야 합니다. 정각에 시작하는 방법은 다른 것 없습니다. 용기입니다. 회의장, 연수원, 무대, 강의실 어디든지 회의, 모임, 워크숍 무슨 모임이든지 시간이 되면 앞에 서서 오프닝을 시작하는 용기와 결단이 중요합니다. 우리부터 시간을 지켜야 이후의 시간 관리가 가능합니다. 이렇게 계속 강조하는 것은 그만큼 시간을 지키기가 어렵기 때문입니다. 8시 뉴스처럼 정확하게 시작하는 모임이 얼마나 있을까요? 도움 될 만한 몇 가지 방법을 제안합니다.

첫째, 넉넉하게 30% 정도의 지각을 예상하고 오프닝을 계획합니다. 코리안 타임이란 편견을 가지고 싶지 않지만, 경험하면 인정하게 됩니다. 단기간에 조직과 사회 문화를 바꾸기는 쉽지 않습니다. 분명 지각생이 예상되는 데 지각생이 없는 것을 전제로 계획하는 건 지혜롭지 못합니다. 지각생을 예상하고 앞부분에 중요도가 낮은 프로그램을 배정하면 좋습니다. 중간에 참석해도 크게 무리가 없는 프로그램을 앞부분에 배치하면 지각생도 어렵지 않게 참여할 수 있고 막연히 기다리지 않아도 됩니다. 주제와 관련된 영상을 보여주는 방법도 있습니다. 참석자들에게 정보를 주면서 지각생을 기다리는 일거양득의 효과가 있습니다. 그렇다고 10분 이상의 영상은 금물입니다. 오히려 전체 분위기를 느슨하게 만들 수 있습니다. 참석자의 집중과 편안한 분위기를 위해서는 재미있는 영상이 효과가 있지만 되도록 모임의 주제와 관련된 영상을 준비해야 오프닝과 다음 주제 전환에 도움이 됩니다.

둘째, 시작 시각을 지키기 위해서는 무엇보다 주관기관이나 모임 결정권자와의 사전 협의가 필수입니다. 기관 사정으로 뜻대로 시작하지 못하는 때가 있습니다. 지역 주민

200여 명이 참석하는 구청 행사의 진행을 맡은 경험이 있습니다. 오프닝은 구청장님의 입장을 신호로 시작하게 계획되었습니다. 그런데 구청장님이 이전 행사 참석 지연과 교통체증으로 무려 20분 늦게 도착했습니다. 먼저 시작하고 구청장님의 도착 시각에 맞춰서 인사말과 다음 순서를 유연하게 적용할 수도 있었는데 결국은 그렇게 하지 못했습니다. 아이스브레이킹으로 지루함을 덜었지만 그래도 주민들이 들러리가 되어버린 상황은 바뀌지 않았습니다. 시작 시각은 반드시 사전에 협의가 이뤄져야 합니다. 플랜 B까지 준비해서 만약의 사태에 대비해야 합니다.

셋째, 시작의 권한을 미리 확보하는 방법입니다. 사전 협의로 시작의 권한을 가져야 합니다. 사회자나 모임의 주관자를 소개하지 않는 것도 방법이 됩니다. 소개하는 시간은 이후에도 얼마든지 있습니다. 더욱이 참석자는 우리가 누구인지 별로 관심이 없거나 이미 나름의 정보를 가지고 있습니다. 그런데도 굳이 소개로 오프닝을 시작하려 애쓰지 않아도 됩니다. 시작의 권한을 위임받아서 정시에 앞에 서야 하고 오프닝을 시작해야 합니다.

넷째, 먼저 온 사람을 배려합니다. 한 번으로 끝나는 모임은 예외지만 첫 번째 모임의 시작 시각이 지켜지면 다음부터는 눈에 띄게 지각생이 줄어듭니다. 진짜인지 거짓인지 경험해 보시면 좋겠습니다. 지각생을 벌하는 방법보다 먼저 온 사람에게 인센티브를 주는 게 더 효과적입니다. 작은 선물, 간식 배려, 자리 선택권, 모임 중 칭찬처럼 먼저 온 사람에 집중해야 합니다.

중년 대상의 30명 정원 교육을 진행한 경험이 있습니다. 교육 첫날 약속된 시작 시각이 10분이 지나고, 심지어 20분 가까이 되었는데도 참석자의 반도 오지 않았습니다. 더 이상한 것은 너무도 당연하게 받아들이는 주관기관의 반응이었습니다. 오히려 이 정도면 그래도 괜찮은 편이라고 강사인 저에게 적절하지 않은 위로를 건넬 정도였습니다. 물론 자녀 양육에 바쁜 오전 시간이었지만 그래도 이건 심하다 싶었습니다. 교육을 하면서 정시 시작의 중요성을 알리고 먼저 오신 분들에게 드릴 인센티브를 말씀드렸습니다. 10회차 교육이었는데 2회차부터는 정시 시작 약속을 엄격히 지켰습니다. 결과는 2회차부터 바로 나타났습니다. 특별한 사정이 있는 사람을 제외하고 90% 이상이 지각하지 않았고 정시에 교육을 시작했습니다.

정시 시작은 모임의 수준을 높이는 간단하지만 강력한 방법입니다. 생각해 보면 중요한 모임일수록 정시 시작을 놓치지 않습니다. 대통령 행사가 늦는 법 없습니다. 사랑하는 사람과의 약속을 어기지 않습니다. 용기 내서 정시에 시작합시다. 빈자리의 아쉬움을 감내하고 말입니다. 눈에 보이는 빈자리를 채우기 위해서 시간을 늦추는 동안 눈에 보이지 않는 모임의 역동성이 사라집니다. 부디 지각생에 맞추지 마시길요. 지각에는 대략 1,000가지 이유가 있습니다. 지각은 습관입니다.

모임을 살리는
오프닝

 모임에서 시작은 반이 아니라 전부라고 했습니다. 사람들의 참여와 소통이 중요한 모임은 더욱더 그렇습니다. 시작을 놓치면 만회하기가 너무 어렵습니다. 모임의 목적 달성이 오프닝에서 판가름 난다고 생각하고 준비해야 합니다. 해야 할 일을 잘하는 것만큼 하지 말아야 할 일을 하지 않는 것이 중요합니다. 그러면 반은 갑니다. 최소한 다섯 가지는 하지 않도록 힘써야 합니다.

 첫째, 고민 없는 자리 배치입니다. 있는 그대로 자리를 사용하는 것이야말로 시작을 망치는 지름길입니다. 자리가 사람을 만듭니다. 자리 배치를 어떻게 하느냐에 따라서 사람들의 역동성이 달라집니다. 타원형 테이블에 앉아 있는 것과 일자형으로 배치된 강의형 책상에 앉아 있는 차이를 생각하면 쉽습니다. 물론 모임 장소가 자리 배치를 자유롭게 할 수 없는 환경이 있습니다. 의자가 고정된 강의실 구조라면 별도리가 없습니다. 이런 경우를 제외하면 하던 대로 하지 말고, 모임 목적과 참석자의 성향을 고려하여 자리 배치에 신경을 써야 합니다.

둘째, 정시에 시작하지 않는 모임입니다. 왜 우리는 약속된 시간 10분 전에 자리에 앉지 않을까요? 답은 간단합니다. 그러면 최소한 20분은 기다리기 때문입니다. 작은 회의부터 큰 행사까지 좀처럼 시간이 잘 지켜지지 않습니다. 시간을 지킨 사람이 어리석은 사람이 되곤 합니다. 시작 시각은 반드시 지켜져야 합니다. 2시에 시작이라면 그전에 모든 준비를 마치고 2시 정각에는 오프닝이 되어야 합니다. '아직 많은 분이 도착하지 않은 관계로 잠시 후에 시작하도록 하겠습니다. 양해 부탁드립니다' 제발이지 이런 멘트는 없어져야 합니다. 중요한 모임일수록 정시에 시작합니다. 반대로 모임을 정시에 시작하지 않으면 이번 모임은 그렇게 중요하지 않은 모임이란 신호를 주는 것과 같습니다. 시간 통제는 모임의 중요한 과제입니다. 시작 시각이 지켜지지 않으면 이후의 시간 통제가 어렵습니다. 갑작스러운 눈보라로 반 이상의 사람들이 못 오는 상황이 아니라면 다른 이유 없습니다. 정시 시작이 옳습니다.

셋째, 먼저 도착한 사람을 과감히 방치하는 경우입니다. 사람들이 손을 잡고 동시에 입장하는 모임은 없습니다. 심지어 30분 일찍 도착하는 사람부터 모임 끝에 참석하는 사람까지 다양합니다. 우리가 주목해야 하는 사람은 일찍 도착한 사람입니다. 모임 설계는 먼저 도착한 사람을 포함해서 계획되어야 합니다. 아니면 오프닝 전에 도착한 사람들을 방치하게 됩니다. 모임에 가장 우호적인 사람들을 방치하고 심지어 적으로 만드는 지름길입니다. 현수막과 빔프로젝터 준비보다 먼저 도착한 사람에게 신경을 써야 합니다. 사람이 들어오면 하던 일을 멈추고 인사를 나누고 자리를 안내해야 합니다. 간식을 권하거나 가벼운 질문으로 대화를 나누면 더 좋습니다. 모임 준비보다 사람이 먼저입니다.

넷째, 식상한 멘트의 인사말입니다. '바쁘신 와중에도 불구하고', '추운 날씨에도 불구하고' 사회자가 고민 없이 사용하는 대표적인 인사말입니다. 그런 인사말을 들으면 바쁜 것을 알아줬다고 기분이 좋아지나요? 절대 그렇지 않습니다. 듣는 척하면서 자료집을 보거나 딴생각만 납니다. 뭐든지 처음이 중요합니다. 책과 기사도 제목 한 줄에 심혈을 기울이는 것처럼 오프닝 첫마디도 준비해야 합니다. 자신만의 인사말을 생각해 두는 것도 좋습니다. 최소한 식상한 멘트만이라도 피합시다. 식상한 멘트는 '앞으로도 식상할 것입니다. 기대하지 마세요'라는 신호를 주는 것과 같습니다. 금지어로 새깁시다. '바쁘신 와중에도, 추운 날씨에도 불구하고!'

다섯째, 미흡한 준비입니다. 기본 중의 기본이 사전 준비 완료입니다. 설명이 필요 없는 말입니다. 하지만 의외로 기본이 지켜지지 않을 때가 있습니다. 많이 양보해도 최소 30분 전에는 모든 준비가 끝나고 사람들을 맞이할 자세가 되어 있어야 합니다. 안 그러면 시간에 쫓기게 됩니다. 내가 시간을 통제하지 않으면 시간의 통제를 받게 됩니다. 경험 많은 진행자도 오프닝은 긴장됩니다. 준비가 미흡하면 긴장에 걱정이 더해지고 그나마 한 줌밖에 없던 여유마저 사라집니다. 진행자의 긴장과 걱정은 고스란히 참석자에게 전달됩니다. 참석자의 긴장감을 줄여줘야 하는 진행자의 오프닝이 오히려 분위기를 얼어붙게 만드는 겁니다. 최고의 오프닝은 철저한 사전 준비에서 나옵니다.

오프닝이 실력이고 실력은 경험에서 나옵니다. 경험 많은 진행자의 오프닝 팁을 배웠다고 저절로 유연한 오프닝이 되지 않습니다. 경험을 쌓는 건 내 몫입니다. 자리 배치를 한 번만 더 생각하고 정시에 시작합시다. 먼저 도착한 사람에게 관심을 주고 식상한 멘트는 과감히 버립시다. 마지막으로 주어진 여건에서 사전 준비를 신속히 완료합시다. 그러면 최소한 망치지는 않습니다. 지금은 망치지 않고 경험을 쌓는 게 중요합니다. 최고의 오프닝 기술은 경험입니다.

모임의 마침표
클로징

뭐든지 마무리가 중요합니다. 지금이야 TV 뉴스를 보지 않지만, 저녁 9시면 습관처럼 보던 시절이 있었습니다. '안녕하십니까'로 시작하는 뉴스 시작은 별다를 게 없는 반면에 뉴스 마무리는 차이가 있습니다. 뉴스의 백미는 클로징입니다. 클로징이 인상 깊은 아나운서가 기억에도 오래 남습니다. 모임도 클로징이 중요합니다. 시작에 쏟는 에너지만큼 클로징을 준비해야 합니다. 인사하고 덕담하고 다음 모임 정하고 끝내는 시간이 아니란 말입니다. 지금까지의 내용을 정리하고 공유하고 피드백하는 중요한 시간입니다.

가장 중요한 클로징은 정시에 끝마치는 것입니다. 빨리 끝나는 강의가 최고의 평가를 받는다고 합니다. 정시 시작과 정시 마무리는 아무리 강조해도 지나치지 않습니다. 경험해 보면 사람들은 시작보다 마무리에 더욱 예민합니다. 늦게 참석한 사람도 끝나는 시간은 칼같이 지키자고 합니다. 오히려 더욱 시간 관리가 철저한 사람이 됩니다. 시작 이후의 시간은 자율권이 없지만, 끝난 이후에는 본인의 시간이어서 빼앗기지 않으려 합니다.

 이유 불문하고 정시에 끝마쳐야 합니다. 모임이 매우 재밌고 유익해서 참여자들이 시간 연장을 제안할 수도 있습니다. 그런 경우라면 시간을 연장해서 모임 시간을 연장할 수 있지만 그런 걱정할 필요 없습니다. 그런 일 절대로 없습니다. 배꼽 빠지게 웃다가도 마칠 시간이 다가오면, 가방을 챙기는 게 사람 마음입니다. 잊지 맙시다. 정시 클로징!

 클로징에 빠지지 말아야 하는 것이 모임의 내용 정리입니다. 3시간짜리 회의든지, 2박 3일의 워크숍이든지 논의하고 합의한 내용을 되새기는 시간이 필요합니다. 내용을 열거하는 방식은 막바지에 집중력이 떨어진 참여자에게 좋은 방식이 아닙니다. 내용 열거보다는 요약해서 전달해야 효과가 있습니다. 요약을 단순히 내용을 줄이는 것으로 생각하지 말아야 합니다. 요약은 전할 내용의 양을 줄이는 것에 그치지 않고, 기억에 남도록 돕습니다. 이미지나 핵심 단어, 비유를 활용하면 도움이 됩니다.

  사람의 집중력과 기억력에는 한계가 있습니다. 체력과 집중력이 떨어지는 마지막 단계는 더욱 그렇습니다. 마지막 힘을 쏟아서 요약하고 정리해야 합니다. 유종의 미를 거둘 마지막 단계입니다. 그런 의미에서 클로징 멘트보다 참여자 피드백이 중요합니다. 꼭 진행자가 요약해서 전해줘야 할 필요는 없습니다. 모임의 내용을 한 문장으로 요약하기, 핵심 단어 만들기, 이미지로 그리기처럼 간단한 소그룹 활동도 가능합니다. 참여자 스스로 생각해서 자신의 것으로 만드는 효과와 다른 사람의 요약 내용을 습득하는 추가적 소득이 있습니다. 어떤 방식이든지 각자가 기록해야 기억이 오래갑니다. 말은 사라지지만 글은 남는 법입니다. 기억은 글이 되고, 글을 나누면 역사가 됩니다.

6장

보임의 기술

모임 목적과 참석자
사이에서

모든 모임에는 목적과 준비하는 사람이 있습니다. 행사에서는 주최 측이나 주관기관으로 불립니다. 작은 모임에서도 주최자와 참석자의 역할이 있습니다. 같은 모임에 있는 사람이지만 주최자와 참석자는 매우 다릅니다. 회사의 워크숍을 생각해 보세요. 워크숍을 준비하는 담당자는 조직 내 소통 부족을 문제로 생각하고 모임을 기획했습니다. 소통 해결을 목적으로 구체적인 계획을 세우기 위해 사전 조사를 합니다. 조사 결과 다수의 참석자는 소통이 아닌 리더십 문제를 제기했습니다. 주최 측과 참석자 사이의 의견이 다른 것입니다. 그런데도 팀 소통을 주제로 워크숍을 진행해야 한다면 어떻게 해야 할까요?

주최 측의 의도를 충실히 따르자니 참석자의 동의를 끌

어내기 어렵고, 당연히 참여율이 떨어질 것도 불 보듯 뻔합니다. 그렇다고 참석자에게만 맞추자니 모임의 목적 자체가 사라져 버립니다. 본의 아니게 아슬아슬한 긴장의 줄타기를 하게 됩니다. 최고의 방법은 충분한 이해와 설득으로 워크숍 계획을 재조정하는 것입니다. 하지만 어쩔 수 없이 주최 측과 참석자 중에 선택해야 한다면 답은 참석자입니다. 적어도 출발점은 그래야 합니다. 일방적인 정보제공 목적의 강의가 아니라면, 그래야 모임이 역동적으로 움직입니다. 동의하는 목적에도 쉽게 마음을 열지 못하는데 동의하지 않는 모임이라면, 이미 끝났다고 봐야 합니다.

먼저 참석자의 관점에서 이해하고 공감하며 같은 편에 서야 합니다. 또한 혼자서만 줄타기하지 말고 그런 상황을 참석자와 공유하는 것도 좋은 방법입니다. 우리만 이해하려 노력하지 말고, 사람들의 이해를 요청해야 합니다. 지금까지의 어려움과 제약조건을 설명하고 이해를 구했을 때 '이런 모임은 할 필요 없다'라고 소리치거나 부정적으로만 반응하지 않습니다. 오히려 이해하고, 주어진 여건 안에서 대안을 찾도록 협조합니다. 전부는 아니어도 협조하는 소수의 사람들을 만나게 됩니다.

양쪽의 생각을 완벽히 담아내려 욕심을 부리면, 양쪽 모두에게 외면당합니다. 우리는 모임의 목적과 참석자 사이에 있다는 현실을 숙명처럼 받아들여야 합니다. 다음으로 참석자 옆에서 출발해야 합니다. 출발점이 중요합니다. 출발선에 바로 섰으면 이제 앞으로 나가야 합니다. 출발선에만 머물러 있으면 곤란합니다. 시간과 예산을 투자한 모임의 목적을 놓쳐서는 안 됩니다. 주최자와 참석자 사이에 보물이 있습니다.

참석자의 뇌를
깨우는 방법

 뇌는 몸에서 가장 중요한 임무를 수행합니다. 다른 신체 기관은 기능을 못 하면 잃어버렸다고 표현합니다. 간이 기능을 잃었다. 팔의 근육이 기능을 잃었다. 시력을 잃었다. 하지만 뇌는 죽었다고 표현합니다. 뇌사는 신체 기관 중 일부의 기능 상실을 말하지 않습니다. 그만큼 중요한 기관입니다. 뇌를 깨우면 몸이 움직이고 반대로 뇌가 잠들면 몸이 움직이지 않습니다. 민주적 모임은 참석자의 참여가 중요합니다. 참석자의 뇌가 활발하게 움직여야 한다는 말입니다. 그래서 뇌의 작동 원리를 알면 민주적 모임 운영에 도움이 됩니다.

 첫째, 뇌는 새로운 자극에 움직입니다. 뇌는 생존을 위해서 에너지를 아낍니다. 아침에 일어날 때 뇌도 같이 깨는 게 아닙니다. 뇌는 일상적인 활동이 반복될 때는 움직이지 않습니다. 운동선수의 반복훈련으로 몸이 반사적으로 움직이는 것과 같습니다. 뇌는 새로운 정보인 자극에 반응합니다. 어제 점심으로 먹었던 음식과 지난번 해외여행에서 먹었던 음식을 비교하면 이해가 됩니다. 해외여행이 더 오래 전 일인데도 어제 먹은 점심보다 생생하게 기억납니다. 새로운 자극에 뇌가 활발히 움직였기 때문입니다. 핵심은 뇌의 자극입니다. 회사가 아닌 외부 장소, 새로운 자리 배치, 최신 자료와 기법은 결국 뇌를 자극하기 위한 노력입니다. 그런 뜻에서 참석자의 예상을 깨트린 오프닝이 최고의 시작입니다.

둘째, 뇌는 몸의 움직임에 비례해서 활동합니다. 뇌의 역할을 생각하면 반도체 칩이 떠 오르지만, 뇌는 근육으로 구성되어 있습니다. 근육은 움직일 때 기능을 발휘합니다. 누워 있을 때와 걸을 때를 비교하면 됩니다. 언제 뇌가 더 활발히 움직이는지는 자명합니다. 몸을 움직이면 뇌가 움직입니다. 앉아서 듣는 회의는 졸리지만 스탠딩 회의는 다릅니다. 기린이 아닌 이상 서서 졸지는 못합니다. 졸지 못하게 하려고 서서 하는 게 아니라 몸의 활동력을 늘려서 뇌를 집중시키려는 의도입니다.

　셋째, 뇌는 시간에 반응합니다. 오늘이 월요일이고 금요일까지 보고해야 하는 서류가 있습니다. 오늘부터 차근차근 준비하면 좋은데 도무지 능률이 오르지 않습니다. 결국 목요일 밤샘 작업으로 일을 마무리합니다. 뇌를 움직이려면 시간을 이용해야 합니다. 열심히 하자고 말하면 알아듣지 못합니다. 내일 오후 4시까지 보고서 20장을 완성해야 한다고 시간과 목표를 분명히 해야 알아듣습니다. 모임 진행은 여유롭게 하더라도 시간 계획은 촘촘히 세워 참석자의 뇌에 생산적 압박을 가해야 합니다. 그래야 참석자의 뇌가 반응하고 움직입니다.

　넷째, 뇌는 위기에 반응합니다. 생존에 최적화된 뇌는 위기에 폭발적으로 반응합니다. 여유가 생기면, 뇌가 제일 먼저 압니다. 당장에 생존 위협은 없으리라 생각하고 긴장을 늦춥니다. 자연스럽게 집중력이 낮아집니다. 전쟁 위험 상태에 작전을 준비하는 군대를 생각해 보세요. 집중하라는 별도의 지시가 없어도 뇌는 극도의 긴장에 최고 수준의 집중력을 보입니다. 모임 주제에 따라 참석자의 몰입도가 다릅니다. 중요한 주제일수록 특히나 생존과 관련된 주제이면 참석자는 몰입하고 예민하게 반응합니다. 가장 높은 수준의 동기부여가 됩니다. 일부러 위기로 몰아갈 필요는 없지만, 이번 모임의 필요성을 참석자에게 충분히 알려야 하는 이유입니다. 위기의식까지는 아니어도 필요성과 중요성에 공감이 가야 뇌는 반응하기 때문입니다.

마지막으로 뇌는 재미에 반응합니다. 움베르토 에코(Umberto Eco)의 소설 '장미의 이름'에서 중세 시대 수도원에서 벌어진 의문의 죽음은 '웃음'에 대한 잘못된 이해에서 시작됩니다. 소설의 긴박한 전개를 따라가서 만난 '웃음'이란 단어에 허탈했던 기억이 납니다. 양쪽이 목숨을 걸고 싸웠던 화두가 '웃음'이라니요. 하지만 생각해 보면 이해가 됩니다. 모든 생명체 중에서 말과 글로 이야기를 나누는 존재는 사람이 유일합니다. 사람이 표현하는 긍정의 정상에 웃음이 있습니다. 웃을 때 온몸이 반응하고, 몸의 중추인 뇌도 가장 활발히 움직입니다. 그렇다고 모임이 웃겨야 한다는 뜻은 아닙니다. 그건 낮은 수준의 재미입니다. 사람들은 자신이 원하는 것을 원하는 시간에 할 때 재미를 느낍니다. 그럴 때 자신도 모르게 집중합니다. 이보다 더 좋은 민주적 모임의 밭은 없습니다.

알 듯 모르는
브레인스토밍

브레인스토밍 한번 해보지 않은 사람이 있을까요? 꼭 브레인스토밍이란 이름을 붙이지 않아서 그렇지 유사한 방식의 경험이 있을 겁니다. 어떤 면에서는 이제 식상할 정도입니다. 심지어 아이디어를 찾는 과정을 곧 브레인스토밍으로 오해하기도 합니다. 아무리 좋은 약도 남용하면 독이 되는 것처럼 브레인스토밍도 적절하게 사용해야 합니다. 정확한 진단에 맞춰서 적당한 용량으로 사용해야 약이 되는 것처럼 말입니다.

브레인스토밍은 광고 책임자였던 알렉스 오즈번(Alex F. Osborn)에 의해 개발되었습니다. 창의적인 문제해결을 찾기 위한 동기에서 고안한 방법입니다. 브레인스토밍의 개발 동기에서 언제 사용해야 적합한지를 알 수 있습니다. 오즈

번이 개발한 시기가 1930년대이고 이후로 다양한 용도로 사용되지만 그래도 브레인스토밍은 기본적으로 창의적인 문제해결을 위해 고안되었습니다. 브레인스토밍은 만병통치약이 아닙니다. 주목해야 하는 단어가 '창의'입니다. 많은 두통약 중에서 편두통에 잘 듣는 약이 있는 것처럼 브레인스토밍은 창의적인 해결에 효험이 있습니다.

결국, 브레인스토밍의 성공 열쇠는 창의성 발휘 여부에 있습니다. 무작정 포스트잇을 붙이면서 브레인스토밍을 시작하기 전에 창의성을 발휘할 준비가 되어 있는지부터 점검해야 합니다. 부장님의 불호령으로 소집된 신제품 개발 회의에서 새로운 아이디어가 나오지 않습니다. 새로운 생각은 긍정적인 분위기에서 싹을 틔웁니다. 오즈번이 브레인스토밍을 설계하면서 4대 원칙에 비난, 비판금지를 포함한 이유입니다. 다음으로 필요한 것이 여유입니다. 모든 새로운 것은 여유에서 시작됩니다. 오늘 저녁까지 제출할 보고서가 산더미라면 어떤 기법을 사용해도 창의력은 나오지 않습니다. 창의력이 보고서에 눌려서 숨을 쉬지 못합니다.

브레인스토밍을 사용하기 전에 창의력이 발휘될 환경을 먼저 만들어야 합니다. 모임 목적, 시간, 장소, 구성원, 운영 방식을 긍정적 정서와 여유를 기준으로 점검하고 출발점에 서야 합니다. 브레인스토밍을 실행할 때 '브레인스토밍'이라는 단어가 주는 의미를 되새기면 도움이 됩니다. 단어 의미 그대로 참여자가 폭풍을 경험해야 브레인스토밍입니다. 약간의 의견 교류에 만족하고 마치면 안 된다는 말입니다. 봄비가 아닙니다. 폭풍입니다. 참여자가 폭풍을 맛보도록 돕는 기술이 '시간 통제'와 '예상 벗어나기'입니다.

먼저 사람의 뇌가 시간에 반응한다는 사실을 기억하면 시간 통제의 중요성을 알게 됩니다. 시간이 절실할수록 뇌는 활동량을 늘립니다. 시험 전날 벼락치기와 발표 전날의 보고서 작성 경험을 떠올리면 됩니다. 브레인스토밍으로 뇌에 폭풍을 일으키기 위해서는 시간을 세밀하게 제시해야 합니다. 예를 들어 '한 시간의 브레인스토밍 시간을 가지겠습니다'라고 말하면, 뇌는 좀처럼 움직이지 않습니다. 전체 구성은 한 시간이라도 10분씩 잘라서 실행하는 게 효과적입니다. 물론 조급하게 만들라는 말은 아닙니다.

긍정적 정서와 여유는 대원칙입니다. 조급하게 만들라는 뜻이 아니라 시간을 알려주고 뇌에 구체적인 목표로 신호를 주라는 말입니다. 이렇게 '시간 통제'로 발언량을 늘렸다면 다음은 '예상 벗어나기'로 질적 도약을 합니다. 뇌가 준비한 답을 하지 못하도록 예상을 벗어나는 질문을 하는 방법입니다. 제약 없는 광범위한 질문과 매우 세부적인 질문을 병행하는 것도 뇌를 움직이는 효과적인 방법입니다. 폭풍의 세기는 질문의 새로움에 비례합니다. 뻔하고 식상한 아이디어가 아닌 새로운 생각이 필요할수록 질문부터 새로워야 합니다.

마지막으로 포스트잇 사용법입니다. 포스트잇은 빅마우스를 견제하고, 내성적인 사람에게 똑같은 기회를 주는 효과적인 방법입니다. 다만 포스트잇을 사용해도 말을 먼저 하도록 유도해야 합니다. 브레인스토밍은 즉각적인 아이디어 표출이 핵심인데 기록은 자신도 모르게 자기검열을 하도록 합니다. 속기사가 아니라면 말이 글보다 빠릅니다. 브레인스토밍이 개발된 지도 90여년이 지났고, 그동안 다양한 기법으로 발전했습니다. 모든 브레인스토밍 방법에 통달하기는 어렵습니다. 그래도 기본 원칙을 알고 적용하면 다양한 활용이 가능한 기법입니다. 적어도 창의, 긍정적 정서와 여유, 폭풍이란 단어를 기억하면 좋겠습니다. 브레인스토밍이 무더위에 늘어진 나뭇가지가 되지 않도록요.

말의 독재자 통제법

민주적인 모임의 핵심 기술을 요약하면 '대화'입니다. 다양한 기법을 사용해도 결국은 말하고 듣는 것으로 요약됩니다. 민주적 모임은 '말 잔치'가 되어야 합니다. 대화와 독백은 다릅니다. 똑같은 말이어도 혼자 하면 독백이고 같이 하면 대화입니다. 대화처럼 보이지만 알고 보면 독백인 게 있습니다. 아버지와 아들이 대화를 했는데 아들은 훈계를 들었다고 생각하면 대화가 아닙니다. 형식만 대화이고 내용은 아버지의 독백입니다.

많은 모임에서 아버지의 모습을 어렵지 않게 보게 됩니다. 앞에서 보면 매우 역동적인 소그룹이 있습니다. 대화가 끊이지 않고, 웃음과 박수 소리가 요란합니다. 하지만 주의 깊게 살펴보면 소수의 독무대입니다. 소수의 독무대에 나머지 사람은 참여자가 아닌 관객이 됩니다. 분위기는 좋을지 모르지만, 최종적인 결과물은 반대일 확률이 높습니다. 다른 사람들의 말할 기회가 사라졌기 때문입니다. 말하지 못했다는 것은 참여하지 못했다는 말입니다. 아무리 좋은 결과물이 도출되었어도 소수의 좋은 아이디어일 뿐입니다.

 소통을 위한 분위기를 만드는 것은 강조하고 강조해도 부족합니다. 좋은 분위기의 가장 큰 적이 바로 소수가 말을 독점하는 것입니다. 흔히 빅마우스라고 부르는 사람입니다. 빅마우스를 통제하지 못하면 모두가 발언하는 평등한 모임은 사라지고 모임의 결과물도 좋을 리가 없습니다. 간혹 빅마우스가 어색한 분위기를 풀어 주는 긍정적인 효과 때문에 통제를 소홀히 하는 경우가 있는데 결과적으로 얻는 것보다 잃는 것이 많습니다.

 하지만 모임에서 빅마우스를 직접 만나면 통제가 쉽지 않습니다. 쉽게 변하지 않는 사람이 몇 시간 만에 달라지기 어렵습니다. 그래도 포기할 수는 없으니 몇 가지 방법을 제안합니다. 먼저 소그룹 활동 전에 대화의 규칙을 분명히 설명해야 합니다. 모든 사람이 평등하게 한 표의 선거권을 가지는 것처럼 소그룹 활동에서는 말의 분량이 그렇다는 사실을 분명히 각인시켜야 합니다.

말로만은 안 됩니다. 규칙을 제시해서 따르도록 해야 합니다. 바둑알을 세 개씩 나눠주고, 발언할 때는 바둑알을 내도록 하는 방법도 있습니다. 발언 기회가 눈으로 보여서 자제시키는 효과가 있습니다. 아직 발언하지 못한 사람이 있다는 것이 한눈에 보여서 공평한 발언권을 가지게 됩니다. 주제 토의를 시작하기 전에 각자의 견해를 먼저 쓰도록 하는 것도 좋은 방법입니다. 말이 발달한 사람들에게 글로 정리해서 핵심만 말하게 하는 효과가 있습니다.

무엇보다 시간을 통제하는 것이 가장 중요합니다. 여행, 음식, 영화 등 가벼운 주제로 주어진 시간에 말하는 연습을 먼저 하면 도움이 됩니다. 예를 들면, 가장 기억에 남는 여행지를 주제로 2분씩의 발언 기회를 줍니다. 시간이 되면 국정감사장의 마이크가 꺼지는 것처럼 과감히 발언을 끝냅니다. 이렇게 발언 기회와 시간을 통제하는 연습을 하면, 이후의 모임 활동에 확실히 도움이 됩니다.

이렇게 할 수 있는 방법을 다 썼는데도 통제가 되지 않는 초특급 울트라 빅마우스를 만날 때가 있습니다. 시련을 받아들일 때입니다. 다른 방법이 없습니다. 용기를 내서 과감히 말을 잘라야 합니다. 물론 기분 나쁘게 자르고, 싸우라는 말은 아닙니다. 요령껏 말을 제지하는 방법을 터득해야 합니다. 아무리 좋게 전해도 듣는 빅마우스는 기분이 좋을 리 없습니다. 전체 모임에서 제지하면 무시당했다고 생각할 수 있습니다. 일대일로 말해야 합니다. 가까이 가서 조용히 말하거나 쉬는 시간을 활용해서 이유를 잘 설명하고 자제를 부탁하면 그나마 조금은 효과가 있습니다.

빅마우스의 부정적인 면만을 말했는데 긍정적인 부분도 있습니다. 처음에 어색한 분위기를 푸는데 빅마우스만 한 존재도 없습니다. 아이스브레이킹이 따로 필요 없습니다. 모임에 큰 활력소가 됩니다. 이런 긍정적인 역할까지 막으란 말은 아닙니다. 다만 모임의 규칙과 통제안에서 사용되어야 합니다. 무엇보다 모임의 주도권을 빼앗기면 곤란합니다. 그때부터는 모임이 아니라 빅마우스의 독무대가 됩니다. 세상에 얼마나 재밌고 감동적인 무대가 많은데 이 귀한 시간에 빅마우스의 독무대를 봐야 한다니요. 모임 출석률과 참여율이 떨어지는 시작입니다.

'그거 해 봤는데'
막는 법

 모임에서 목표한 주제에 대한 답을 찾기 위해서는 우선 많은 양의 생각과 말이 필수적입니다. 처음부터 질을 생각하면 참석자가 말하기 어렵습니다. 질을 생각하지 않고 자유롭게 말을 쏟아내는 발산의 과정이 필요합니다. 왜 오프닝에 그렇게도 많은 공을 들이냐면 자유로운 발산의 분위기를 만들기 위해서입니다. 부장님 앞에서 말 못 하는 사람도 동네 친구를 만나면 유재석이 됩니다. 갑자기 입이 열려 달변가로 변신한 게 아니라 편한 장소에서 편한 사람을 만났기 때문입니다.

 동네 친구를 만난 정도는 안 되겠지만, 그런 상태를 목표로 오프닝에 공을 들이는 겁니다. 그런데 그렇게 어렵게 싹을 틔웠는데 한순간에 싹을 잘라버리는 사람이 있습니다.

'그거 해 봤는데'라고 말하는 사람입니다. 말의 싹을 없애 버리고 더는 자라지 못하게 발로 밟아서 다질 정도입니다. 어느 모임이건 꼭 있습니다. 이 사람을 막지 못하면 모임이 더 이상 자라지 못합니다. 반드시 막아야 합니다.

그거 해 봤다고 말하는 사람은 경험 많은 선임이나 관리자인 경우가 많습니다. 거짓말이 아니라 실제로 경험해 봤기 때문에 하는 말입니다. 하지만 생각 발산에는 도움이 되지 않는 말입니다. 싹을 자르지 못하게 하려면 싹이 잘리는 아픔을 경험하게 하면 도움이 됩니다. 예를 들면 먼저 선임과 후임의 두 그룹으로 나눕니다. 토론 주제에 선임이 아이디어를 제안하고 후임은 평가자가 됩니다. 효과를 높이기 위해서는 업무와 무관한 주제를 선정합니다. 업무와 관계된 주제라면 경험과 정보가 많은 선임이 승리할 확률이 높습니다. 어떤 지적에도 반박할 논리를 만들어냅니다. 후임이 더 많은 정보를 가진 일상생활이나 트렌드 관련 질문이 좋습니다. 선임들의 아이디어에 후임들은 '그거 해 봤는데'로 시작해서 문제점을 조목조목 지적합니다. 생각의 싹을 자르지 말라고 백번 말해야 소용없습니다. 싹이 잘리는 경험을 해야 그나마 덜하게 됩니다. 오랜 습관이라 역할 게임

한 번으로 사라지지는 않지만 그래도 경각심을 심어 줄 수는 있습니다.

생각을 모으는 과정에서 금지어를 지정하는 방법도 효과가 있습니다. '그거 해 봤는데', '아니지', '어렵지', '그건 말이야' 등을 금지어로 정하고 팀원 중에 누군가 금지어를 말하면 손뼉을 쳐서 알려주거나 레드카드를 드는 방식입니다. '그거 해 봤는데' 조를 별도로 구성하는 극약 처방도 있습니다. 어떤 방식이든지 생각의 발산을 가로막는 장애물을 방치해서는 안 됩니다. 과감히 제거해야 합니다. 여기서 밀리면 처음으로 돌아가야 합니다. '그거 해 봤는데'를 향해서 진격입니다.

아이디어
공유법

 다양한 방법으로 충분한 생각 발산을 했다면 다음 단계는 생각을 공유할 차례입니다. 소그룹별로 모인 아이디어를 공유하지 않으면 함께 모여서 논의할 이유가 없습니다. 각자 편한 장소에서 생각한 것을 제출하면 그만입니다. 아이디어 공유는 생각을 정리하고, 다른 그룹의 아이디어에서 추가적인 정보를 얻는 효과가 있습니다. 그룹별로 발제자를 선정해서 발표하는 방식을 가장 흔하게 사용합니다. 널리 사용하는 방법이지만 주의할 점이 있습니다.

 차례로 발표하면 자연히 시간이 길어집니다. 아직 모임이 끝나지 않았고 합의할 중요한 시간이 남았는데 마무리하는 분위기가 되면서 지루해집니다. 시간 때문만은 아닙니다. 발표의 내용도 비슷하고 뒤로 갈수록 겹치는 부분이 많아지기 때문입니다. 소그룹 활동 시간 동안 듣고 말하던 내용을 발표로 반복해서 들으니 집중력이 떨어집니다. 그나마 첫 번째 그룹의 발표 내용은 들을 만한데 뒤로 갈수록 상황은 더욱 어려워지고 발표자도 고민입니다. 준비한 내용을 모두 발표하자니 이미 발표한 그룹의 내용과 비슷하고, 겹치는 부분은 빼고 발표하자니 새로운 내용이 별로 없습니다.

발표자의 성향과 역량에 따라서 소그룹 활동이 평가받게 된다는 점도 문제입니다. 소그룹 활동이 원활히 이뤄지지 않았어도 발표자가 기지를 발휘해서 발표를 잘하면 역동적인 소그룹이 됩니다. 반대로 소그룹 활동은 역동적이었는데 발표자로 인해 논의가 활발하지 않았다는 억울한 평가를 받을 수도 있습니다. 발표가 있다고 생각하면, 발표용으로 자기검열을 하거나 적당한 수준의 내용만 논의하는 건 더 큰 문제입니다. 발표를 생각해서 자유롭게 의견을 나누지 못하니 소그룹 활동이 활발하게 진행되지 못합니다. 아니면 소그룹 활동과 발표가 별도로 진행됩니다. 심하면 발표자에게 모든 것을 위임하고 대충 논의를 진행합니다. 그러면 알맹이는 빼고 껍질만 공유하게 됩니다. 이런 문제점을 생각하면 꼭 소그룹 활동 후에 발표해야 하는지 생각해 봐야 합니다. 순차적 발표의 문제점을 예방하기 위해서는 먼저 발표 내용을 발표자 개인기에 맡기지 않도록 개입합니다. 소그룹 활동 전에 충분하게 안내해서 발표보다 논의의 중요성을 분명히 전달합니다. 발표자에게 모든 것을 맡기지 않도록 해야 합니다. 발표자는 개인의 생각이 아니라 그룹의 아이디어를 전달하는 사람입니다.

발표 방식에도 변화가 필요합니다. 소그룹별로 정리된 아이디어를 벽에 붙여서 공유하는 '아이디어 갤러리'도 좋은 방법입니다. 효과적인 공유를 위해서는 논의된 아이디어를 요약하고 정리하는 기술도 중요합니다. 전체 내용을 서술하기보다 그림이나 한 문장으로 만들어 공유할 수도 있습니다. 논의만큼이나 중요한 순서인데 시간에 쫓겨서 소홀히 하거나 소수가 주도하지 않도록 주의해야 합니다.

속초에서 인천 지역 일자리 관련 기관의 워크숍이 있었습니다. 좋은 장소와 사람들의 적극적인 참여로 소그룹 활동이 활발하게 이뤄졌습니다. 하지만 시작 시각이 지연되어 아이디어 공유에 사용할 시간이 부족했습니다. 전체 발표를 할 분위기도 아니었습니다. 고심 끝에 전체 발표 방식을 버리고 발표자가 다른 소그룹에 들어가서 브리핑하는 방식을 사용했습니다. 시간을 절약하면서 발표자의 부담도 덜고, 효과적인 공유가 가능했습니다. 대규모 워크숍에서는 어렵지만 50명 이하의 규모라면, 충분히 시도해 볼 만한 방법입니다.

아이디어 공유 방법을 논하면서 다시금 모임 진행법에는 답이 없다는 말을 되새깁니다. 장소, 시간, 목적, 참석자 성향, 몰입도에 따라서 다양한 방식이 가능합니다. 과거의 방식을 고민 없이 사용하는 실수만 하지 않는다면 말입니다. 아이디어는 공유되어야 합니다. 공유되지 않은 아이디어는 혼자 쓰는 일기가 됩니다.

합의는 과학이
아닌 예술

 민주적 모임은 목적을 달성해야 합니다. 아이스브레이킹으로 분위기를 좋게 만들고 끝난다면 레크리에이션입니다. 새로운 정보 제공에서 끝마치면 교육이고, 의견 교류로 끝나면 토의입니다. 민주적 모임은 참여자의 소통과 참여로 공동의 목표를 달성해야 합니다. 목표 달성을 위한 마지막 관문이 '합의'입니다. 말 그대로 생각을 합치는 과정입니다. 간혹 투표와 합의를 같은 뜻으로 생각하는데 구분해서 이해해야 합니다. 합의 과정의 하나로 투표를 사용할 수 있지만, 투표가 곧 합의를 뜻하지는 않습니다. 투표했다고 해서 합의가 끝난 것도 아닙니다. 투표로 얻어진 최종안이 채택되지 않을 수도 있기 때문입니다.

 민주적 모임에서 합의가 중요한 이유는 이후 실행을 위

한 동력을 얻느냐 못 얻느냐가 여기에 달려있어서 그렇습니다. 치열한 워크샵으로 얻어낸 결과물이 실행되지 못한다면, 투자한 시간과 에너지가 아깝습니다. 차라리 모임에 쓸 시간 동안 편히 쉬면서 체력 보충이라도 하는 게 더 낫습니다. 왜 합의가 중요하냐면 사람은 자신이 선택한 일에 자연스럽게 힘을 쏟기 때문입니다.

하지만 다양한 사람이 모여서 공통의 목적을 추구하는 사회생활에서 내 마음대로만 할 수는 없는 법입니다. 그래서 필요한 것이 합의입니다. 합의 과정을 생략하거나 소홀히 하면, 채택된 안건을 실행하는 단계에 동기부여가 안 됩니다. 오히려 그렇게 말했는데도 내 뜻이 반영되지 않았다고 반감만 확대됩니다. 반대로 충분한 합의 과정을 거쳤다면, 설사 나의 의견과는 달라도 과정에 참여했기 때문에 이해는 합니다. 적어도 적극적 반대자는 되지 않습니다.

이런 이유로 합의에는 충분한 시간을 써야 합니다. 시간에 쫓겨서 섣불리 합의를 유도하면 역효과만 납니다. 하지만 항상 시간에 쫓기는 피하기 어려운 유혹이 있습니다. 바로 적당한 합의입니다. 합의하지 않는 것보다 적당한 합의가 모임에 더 해롭습니다. 적당한 합의만큼 최악의 결과물도 없습니다. 기획 단계부터 합의에 필요한 시간을 배정하고 진행하면서도 지속해서 점검해야 합니다.

합의 과정에서 주의할 마지막 점검 사항은 소수에 대한 배려입니다. 단순히 약자를 보호하자는 의미가 아니라 소수의 관점에서 합의된 사항을 점검해야 합니다. '합의'는 반대하는 소수를 설득하기 위한 시간이 아닙니다. 역동적인 소그룹 활동과 다수의 합의로 선택된 합의일수록 집단사고에 빠질 위험이 큽니다. 집단지성을 사용해야지 집단사고에 빠지면 그동안의 노력이 허무해집니다. 일사불란하게 전개되는 모임일수록 집단사고와 군중심리를 경계하고, 지속해서 소수의견을 들어야 합니다. 소수의견은 질주하는 자동차의 브레이크와 같이 작지만 없어서는 안 될 중요한 장치입니다. 소수의견을 사용해서 모임의 속도를 조절하고 합의 과정을 지속적으로 관리해야 합니다.

합의는 수학 공식처럼 누구도 부인할 수 없는 정답이 나오지는 않습니다. 과학보다는 예술에 가깝습니다. 초기에는 논거가 부족한 주장이 난무하고, 좀처럼 다른 생각이 좁혀지지 않습니다. 하얀 도화지에 저마다 그림을 그리는 셈입니다. 그런데 시간이 지나면 각자의 스케치가 하나의 그림이 되는 경험을 하게 됩니다. 완성된 그림에 놀라고, 자신이 그림의 일부가 된 것에 감동합니다. 이런 모습을 설계하고 지켜보는 보람이 큽니다. 진짜 합의는 비난과 논쟁과 고뇌와 무기력의 산을 넘어 참여자 모두에게 감동을 선사합니다. 말로 설명할 수 없습니다. 각본 없는 드라마 같은 합의의 감동은 맛을 봐야 압니다. 이 맛을 본 사람들이 많은 조직이 성숙한 조직입니다.

다수결
투표법

 모든 사람이 합의하는 게 최선입니다. 그러나 모임 시간과 회수에는 제한이 있고 아무리 많은 시간을 쓴다 해도 완전한 합의는 불가능합니다. 어느 시점에는 결정해야 합니다. 주어진 시간 안에서 합의를 끌어내는 방법으로 가장 많이 사용하는 방법이 다수결입니다. 다수가 선호하는 안건을 채택하는 방법입니다. 스위스의 란츠게마인 지역처럼 모든 지역 주민이 모여서 찬성과 반대를 표시하는 종이를 들어 올리거나 손을 들어 생각을 표현합니다. 다수결 합의의 보편적인 방법은 투표입니다. 모임에서 사용할 수 있는 투표 기법으로 멀티보팅과 그린닷보팅이 있습니다.

 멀티보팅은 일종의 결선 투표 방식입니다. 대안이 많을 때 사용하는 기법입니다. 운영 방식은 비교적 간단합니다.

먼저 투표로 제안된 대안의 30%가량을 가려냅니다. 대안 개수의 1/3 정도의 투표권을 주고 최종안으로 적합한 대안에 투표합니다. 예를 들어 지금까지 제안된 대안이 10개라면 한 사람당 3개의 투표권을 주면 됩니다. 반대로 적합하지 않은 대안을 줄여내는 방법으로도 쓸 수 있습니다. 멀티 보팅은 최종 투표를 준비하는 방법으로 효과적입니다.

그린닷보팅은 점 스티커를 사용한 데서 유래된 투표기법입니다. 방식은 투표권을 대안의 1.5배 정도 부여합니다. 예를 들면 멀티 보팅으로 좁혀진 3개의 대안을 투표할 때 한 사람당 5표를 줍니다. 참석자는 부여받은 5표를 3개의 대안에 자유롭게 투표하는데 하나의 대안에 가진 표의 과반수는 못 하게 합니다. 5표를 받았다면 하나의 대안에 최대 3표를 줄 수 있습니다. 그린닷보팅은 참여자의 선호도를 충분히 반영하는 장점이 있습니다.

멀티 보팅으로 대안을 좁히고 그린닷보팅으로 최종 대안을 선택하는 방식을 활용하면 합의를 끌어내는 데 유용합니다. 주의할 점은 어떤 방식을 사용하든지 투표는 모든 사람이 합리적이라는 가정에서 시작된 것을 기억해야 합니다. 실제로 과정에 참여한 모든 사람이 합리적이지 않음에도 불구하고 말입니다. 결국 투표 이전에 충분한 논의 과정과 투표의 문제점을 최소화하는 구체적인 장치들이 필요합니다.

그린닷보팅처럼 투표 과정이 눈에 보이는 방식은 더욱 세심한 운영이 필요합니다. 군중심리가 작동되어 투표 효과를 반감시키기 때문입니다. 다른 사람의 생각이 눈으로 보여서 나도 모르게 사람들의 선호를 따라갈 위험이 있습니다. 남들과 다른 선택을 하는 것이 부담되고, 나의 선택이 다른 사람들의 눈에도 보이는 것도 신경이 쓰입니다. 이러한 문제점을 예방하기 위해서 사전에 먼저 자신의 선호도를 기록하게 하거나 이전까지 표현이 적극적이지 않던 사람들부터 먼저 투표하는 방법이 있습니다.

투표는 사람의 합리성을 가정한다는 한계와 비교적 짧은 시간에 다수의 선호가 확인된다는 장점 모두를 기억해야 합니다. 군중심리의 위험을 생각하고 소수의 의견을 소홀히 하지 않는 장치도 고려해야 합니다. 무엇보다 투표 만능주의를 경계해야 합니다. 알고 적당하게 쓰면 약이지만 잘못 쓰면 독이 됩니다.

파워포인트
활용법

　파워포인트는 전하고 싶은 핵심(point)을 강조(power)하는 효과적인 도구입니다. 다양한 색상, 이미지, 화면 전환, 소리, 영상으로 집중력을 높입니다. 과거에 칠판 없는 학교를 생각할 수 없듯이 이제 파워포인트는 꼭 필요한 도구가 되었습니다. 하지만 세상에 완벽한 것이란 없습니다. 파워포인트는 장점이 많은 도구이지 완벽한 도구가 아니란 말입니다. 더욱이 파워포인트가 수단이 아니라 목적이 되는 문제가 발생하고, 부정적인 영향마저 발생하고 있습니다.

　파워포인트는 필연적으로 시선을 한곳으로 모읍니다. 모임의 중요한 수단은 소통이고 소통을 위해서는 눈을 마주쳐야 합니다. 마주 보고 앉아서 이야기를 나눠야 합니다. 파워포인트는 이 시선을 독차지합니다. 사람에게 향해야 하는 시선을 벽과 기계에 고정하게 합니다. 시선을 한곳에 고정해야 하니 자연히 자리 배치에도 영향을 미칩니다. 파워포인트를 사용하면 자리 배치가 화면 방향으로 쏠립니다. 참여자에 맞춘 다양하고 창의적인 자리 배치가 원천 봉쇄됩니다. 환경에만 영향을 미치는 것이 아니라 사람들의 참여에도 중요한 변수가 됩니다. 참여자는 이미지 중심의 화면을 보면서 자신도 모르게 수동적으로 변합니다. 능동적으로 만들어도 모임이 쉽지 않은 데 수동적으로 만들어 버립니다. 아이스브레이킹으로 풀렸던 몸이 다시 굳어집니다.

파워포인트는 준비에 많은 시간을 쓰게 합니다. 모임을 디자인하고 준비하는데 많은 에너지가 필요한데 파워포인트는 그나마 부족한 시간을 컴퓨터 앞에서 쓰게 합니다. 간단하게 만들자고 다짐하고 시작해도 사람 마음이 만들기 시작하면 더욱 잘 보이고 싶은 욕심이 생기기 마련입니다. 이런 이유로 파워포인트를 사용하지 않거나 최소한으로 사용하는 방법을 생각해 보면 좋겠습니다.

파워포인트를 사용할 때도 지켜야 할 원칙이 있습니다. 꼭 필요한 부분에 최소한으로 사용하는 것입니다. 논의를 위해서 공유할 정보가 있을 때만 최소한의 용도로 사용합니다. 파워포인트를 사용해서 정보를 공유했다면, 반드시 토의 시간으로 화면에 고정된 시선을 흩어야 합니다.

너무 많은 시간을 들여서 파워포인트 꾸미기에 빠지면 곤란합니다. 파워포인트 꾸밀 시간에 참여자가 무엇을 원하는지, 어떤 전략이 필요한지, 무엇을 준비해야 하는지를 한 번 더 생각하는 편이 낫습니다. 너무 시각적으로 돋보일 필요도 없습니다. 이미 파워포인트라는 매체 자체가 시각적입니다. 텍스트 위주로 핵심 내용을 간결하게 정리해도 전달에는 무리가 없습니다. 아이디어 발표 대회가 아니라 지금은 민주적 모임 시간입니다.

파워포인트를 사용할 때도 기술이 필요합니다. 파워포인트의 내용을 똑같이 읽어 내려가는 실수는 피해야 합니다. 참석자는 시각과 청각으로 똑같은 내용이 흡수되어 피로가 쌓이고 집중력이 떨어집니다. 참석자는 이미 눈으로 대략의 내용을 파악했습니다. 똑같이 읽기보다 핵심만 전달하고, 파워포인트에 없는 부가적 내용 설명에 집중해야 전달력이 높아집니다. 최소한 파워포인트의 지배를 받고 파워포인트가 모임의 주인이 되지는 않도록 해야 합니다. 모임의 주인은 파워포인트가 아니라 사람입니다.

모임을 살리는
질문법

 프랜시스 베이컨(Francis Bacon)은 질문으로 파고드는 사람은 이미 그 문제의 해답을 반쯤 얻는 것과 같다고 했습니다. 그만큼 질문이 중요하다는 말입니다. 신앙은 신의 질문에 답하고 과학은 호기심에 답합니다. 인문학은 인간의 존재를 묻고 답합니다. 프랜시스 베이컨의 말처럼 질문은 배움의 시작이요 마지막입니다. 질문이 있어야 답을 찾고 배울 수 있습니다. 흔히 질문도 알아야 한다고 합니다. 아이들의 호기심 가득한 질문이 아니라면 알아야 질문도 합니다. 민주적 모임에서도 포스트잇, 전지, 카드를 사용해서 다양한 기법을 구사하지만 결국은 질문을 위한 수단입니다. 좋은 질문을 하기 위해서는 우선 나쁜 질문을 하지 말아야 합니다. 해야 할 것을 하는 것도 중요하지만, 하지 말아야 할 것을 안 하는 것은 더 중요합니다. 그러면 적어도 반은 갑니다.

첫째, 답을 유도하는 질문입니다. 전하고 싶은 메시지를 질문으로 대신하는 경우가 있습니다. 예를 들면 '여행에서 가장 중요한 것은 함께하는 사람입니다'라는 메시지를 전하려는 사람이 있습니다. 이것을 질문의 형태로 전달 할 수 있습니다. '여러분은 여행에서 가장 중요한 것은 무엇이라고 생각합니까?' 사람들은 저마다의 생각을 말합니다. 그러면 질문자는 본인이 생각한 답이 나올 때까지 질문하다가 결국에는 본인이 답을 말합니다. 본인은 아는 사람, 나머지는 모르는 사람으로 만드는 나쁜 질문입니다. 사람들을 집중시키려는 의도가 있어도 결과는 달라지지 않습니다. 답을 유도하는 질문은 피해야 합니다. 분위기를 집중시키기 위한 목적이라면 서두에 최소한으로 사용해야 합니다. 계속 사용하면 집중효과는 사라지고 반감만 생깁니다.

둘째, 정답이 예상되는 질문입니다. 질문을 받으면 생각하게 됩니다. 질문의 중요한 목적입니다. 따라서 정답이 쉽게 예상되는 질문은 생각하게 만드는 효과가 없습니다. 심하면 집중력을 낮추고 무시당한 느낌이 들게 합니다. 예상되면 뇌는 흥미를 잃습니다. 흥미를 잃은 뇌는 생존을 위해 에너지를 아낍니다. 생존을 위해 최적화된 똑똑한 뇌가 절전모드로 들어갑니다. 절전모드로 들어가면 몸에 힘이 빠지면서 뇌로 가는 혈류량이 줄어들고 잠이 옵니다. 잠드는 청중은 뇌 과학적으로 보면 매우 합리적인 행동을 하는 사람입니다. 예상되는 내용과 질문은 청중에게 이불을 깔아주는 격입니다.

셋째, 폐쇄형 질문입니다. 교육에서 질문은 자연스럽게 대화로 이어지는 효과가 있습니다. 질문은 모임을 대화로 연결해 주는 다리입니다. 그러나 다리라고 다 같은 다리가 아닙니다. 중간이 끊어진 위험한 다리가 있습니다. 폐쇄형 질문은 중간이 끊어진 위험한 다리입니다. 쉽게 설명하면 'O'와 'X'로 대답하게 되는 질문입니다. 부모님께서 알게 모르게 많이 사용하는 질문입니다. 숙제했어? 밥 먹었어? 시험 잘 봤어? 학원 갔어? 자녀의 대답과 함께 대화가 끝나는 폐쇄형 질문입니다. 질문은 생각의 기회를 줘야 합니다. '숙제했어?' 보다는 '오늘 어떤 숙제가 있어?'라고 묻는 것이 더 좋습니다. 물론 숙제는 질문 자체를 하지 않는 게 제일 좋고요. 일방적으로 한쪽을 선택하게 만드는 질문도 마찬가지입니다. 그런 의미에서 자신도 모르게 말하는 '그렇죠? 안 그렇습니까?'라는 확인하는 질문도 최대한 줄여야 합니다.

넷째, 목적이 없는 질문입니다. 모임의 서두에 분위기를 환기하기 위해서 던지는 질문유형입니다. 날씨, 시사, 스포츠와 같은 일상적인 주제로 질문합니다. 상대의 부담을 줄여주고 거리를 좁히는 효과가 있습니다. 하지만 민주적 모임에는 분명한 목적이 있습니다. 5분도 귀한 시간입니다. 일상적인 질문도 결국은 메시지로 이어져야 합니다. 일상적인 질문으로 시동만 걸고, 모임의 본궤도로 올라가야 합니다. 일상적인 질문을 나누다가 불현듯 '이제 본격적으로 모임을 시작하겠다'라고 말하면 흐름도 끊기고, 시간만 아깝습니다. 질문 하나도 그냥 버리지 않는 것이 중요합니다. 꼭 필요한 질문이 아니라면, 하지 않는 것이 오히려 좋습니다.

좋은 질문은 첫째, 식상하지 않습니다. 둘째, 생각하게 만듭니다. 셋째, 질문의 의도가 명확합니다. 넷째, 질문이 뜬구름 잡지 않고 세밀합니다. 다섯째, 질문이 꼬리에 꼬리를 물어서 파고듭니다. 여섯째, 질문자의 태도가 좋습니다. 좋은 질문은 아는 것으로 끝나지 않습니다. 질문 훈련이 필요합니다. 특히 한국사회처럼 질문이 사라진 곳에서는 연습 말고는 방법이 없습니다. 위에서 나쁜 질문을 열거했는데 가장 나쁜 질문은 아무것도 질문하지 않는 겁니다. 물론 처음에는 시행착오를 겪겠지만 우선은 질문하는 게 익숙해야 합니다. 질문은 경험으로 완성됩니다.

모임 진행법

메시지보다 메신저가 중요할 때가 있습니다. 아니 대부분 그렇습니다. 똑같은 말도 어떤 사람이 말하면 따뜻한 조언이 되고 다른 사람이 말하면 상처를 주는 지적이 됩니다. 내용보다는 메신저의 태도에 차이가 있습니다. 발언권도 마찬가지입니다. 똑같은 회의도 누가 진행하고 발언권을 주느냐에 따라서 발언의 양과 질이 달라집니다. 그러나 태도는 쉽게 바뀌지 않습니다. 평소에 태도가 안 좋은 데 회의 시간에만 반짝 좋아지기 어렵습니다. 평소에 참여자와 관계가 좋거나 태도가 좋은 리더라면 발언권을 주는 역할을 해도 크게 상관이 없습니다. 오히려 안정감 있게 모임을 이끄는 장점이 됩니다. 다만 반대의 경우라면 빨리 발언권을 주는 역할을 다른 사람에게 위임하는 게 좋습니다. 꼭 모임의 대표, 회의 의장이 진행할 필요는 없습니다. 팀 회의를 예로 들면 회의 시작은 팀장이 맡고 진행은 다른 사람에게 위임하는 방법입니다. 물론 위임받은 사람은 회의 참여자와 관계가 원만하고, 유연한 진행 기술을 갖춘 사람이어야 합니다. 최소한 팀장보다 뭐든 나으면 됩니다.

다음으로 발언권을 주는 방법입니다. 진행자가 발언권을 주는 권한을 독점하는 방법과 참여자에게 위임하는 방법이 있습니다. 독점이라는 표현을 써서 부정적인 어감이 있는데 꼭 나쁜 방법만은 아닙니다. 다만 전제 조건이 있습니다. 진행자가 경험이 많고 참여자와 관계가 좋고, 유연한 진행이 가능한 사람이어야 합니다. 잘하는 데 굳이 다른 사람에게 위임하는 모험을 하거나 여러 사람을 힘들게 할 필요는 없습니다. 참여자에게 위임하는 방법은 첫 번째 사람만 지목하고 발언을 끝낸 사람이 다음 사람을 지목하거나 순서 없이 자유롭게 발언하는 방법입니다. 장점은 참여를 높이고 언제 지목될지 모를 긴장감을 유지합니다. 자유로운 발언으로 민주적 참여를 이끄는 좋은 방법입니다. 문제는 아직 훈련되지 않은 모임이나 소수의 독재자가 있다면 회의가 아닌 일방적인 발표회가 됩니다. 또한 참여자는 다른 참여자를 지목할 때 부담을 느끼게 됩니다. 결국 아는 사람을 지목하거나 말 잘할 것 같은 사람, 활발한 사람을 지목합니다. 생각보다 자연스럽지도 않고 회의 발언의 질이 떨어질 위험이 있습니다.

두 가지 방법을 적절히 섞어서 쓸 수 있다면 단점을 보완하면서 유연한 모임이 됩니다. 시작은 진행자가 발언권을 주다가 중간에 참여자가 다른 참여자를 지목하게 하거나 자유로운 발언을 유도합니다. 그러다가 발언이 끊기거나 분위기가 침체되면 진행자가 정리 발언으로 주위를 환기하고 다시 다른 사람을 지목하여 발언을 이어갑니다. 물론 쉽지는 않지만 고도의 기술을 요구하는 방법은 아니어서 누구나 경험을 쌓으면 충분히 가능한 방법입니다.

절대적으로 옳은 방법은 없습니다. 다만 장단점, 전제 조건을 알고 사용하면 좋겠습니다. 지금까지 써왔던 방법을 고집하지 않는 것도 중요합니다. 변화에는 언제나 시행착오라는 산이 버티고 있습니다. 두려워 말고 차근차근 올라봅시다. 산에 오르면 다른 시선으로 세상을 볼 수 있습니다. 산을 오르면서 길러지는 체력은 덤입니다.

발언권 주는 법

회의, 토의에서 발언권을 줄 때도 순서가 있습니다. 보통은 활발하고 말을 잘하는 사람에게 발언권을 주는 경향이 있습니다. 발언시켜도 부담이 없기 때문입니다. 말 잘하는 사람에게 먼저 발언권을 주면 시키는 사람도 부담이 없고 첫 대답이 시원하게 나와서 분위기를 환기하는 효과가 있습니다. 반면에 다음 사람에게 부담을 줍니다. 안 그래도 말하기가 힘들고, 정답 맞추는 학교 교육에 익숙해서 틀릴 것이 두려운 사람들에게 '저 정도로는 말해야 하는가 보다'라는 잘못된 신호를 주게 됩니다.

첫 번째 발언자는 성향과 역량에서 평균 수준의 참석자를 선택하면 좋습니다. 발표를 즐기고 좋아하지는 않지만 그래도 시키면 약간의 머뭇거림과 함께 말하는 사람입니다. 너무 말을 못 해도 다음 사람에게 긴장을 주고 너무 잘해도 다음 사람에게는 부담입니다.

두 번째는 긴장감이 커서 말을 쉽게 못 꺼내는 사람을 생각해야 합니다. 이런 사람을 맨 처음 시키면 놀라서 기절합니다. 그렇다고 맨 마지막에 시키면 기다리다 기절합니다. 열 명이 있다면 3~4번째에 배치하는 게 좋습니다.

세 번째는 말 잘하는 사람입니다. 말 잘하는 사람은 어느 위치에 놓아도 자신의 몫을 합니다. 전체 구성원의 역동을 생각하면 가운데나 약간 뒤쪽에 배치해서 반복된 발언에 집중력이 떨어질 때 분위기를 환기하는 효과를 노립니다.

네 번째는 유머 있는 사람입니다. 유머는 모임의 윤활유입니다. 맨 처음과 맨 마지막만 피하면 어디든 좋습니다. 열 명을 기준으로 3번째, 7번째 정도면 분위기 환기에도 좋고 집중력을 높이는 효과가 있습니다.

다섯 번째는 진지한 사람입니다. 유머 있는 사람이 분위기를 환기한다면 진지한 사람은 내용을 풍성하게 만듭니다. 다만 처음과 마지막은 피하는 게 좋습니다. 처음과 마지막은 분위기에 매우 중요한 순서인데 특별한 경우가 아니라면 진지한 분위기로 시작하면 전체 발언량이 줄어들고, 진지한 분위기로 마치면 위축되는 경향이 있습니다.

여섯 번째는 비판적인 사람입니다. 좋은 말만 오가는 게 꼭 좋은 것만은 아닙니다. 다양성은 모든 모임에서 가장 지켜야 하는 가치입니다. 비판적인 사람은 모임의 논리를 탄탄하게 만들어주는 장점이 있습니다. 다만 마지막은 피해야 합니다. 마지막에 비판적인 사람의 발언으로 마치면 전체 논의가 결국 비판적으로 끝납니다. 비판적인 사람의 발언은 앞부분이 좋습니다. 그래야 내용을 풍성하게 만들면서도 지적한 내용을 보완할 기회가 생깁니다.

일곱 번째는 마음이 따뜻한 사람입니다. 어느 모임이건 남을 배려하는 따뜻한 사람이 있습니다. 이분들의 말 한마디가 죽은 모임도 다시 살립니다. 어떤 모임이건 따뜻하게 마무리하는 것은 매우 중요합니다. 그래야 다음 모임이 이어집니다. 최소한 다음 모임이 오고 싶지 않게 만들지는 말아야 합니다. 발언이 따뜻한 사람을 마지막에 배치하면 좋습니다. 연장자와 직위가 높은 사람의 몫인 마지막 발언을 따뜻한 사람에게 주면 똑같은 모임도 다른 마무리가 됩니다.

민주주의를 가치로만 접근하면 현실과 멀어집니다. 가치를 현실로 만들기 위해서는 기술이 필요합니다. 기술은 하루 이틀로 갖춰지지 않습니다. 기술은 지난한 훈련으로 내 것이 됩니다. 민주주의를 위해서 고심했다면 이제 이번 모임의 발언 순서를 고민해 봅시다. 시선은 하늘을 향하되 발은 단단히 땅을 디디고 있어야 합니다.

모임의 장애물,
지나친 배려

배려심은 성숙한 태도입니다. 누구나 배려심 있는 사람 곁에 머물고 싶어 합니다. 반대로 배려가 없는 사람을 무례하다고 생각하고 멀리합니다. 문제는 항상 지나치거나 부족할 때 생깁니다. 배려는 관계의 윤활유이지만 지나친 배려는 관계의 적이 됩니다. 분노, 짜증, 질투, 거짓은 밖에서 관계를 무너트리는 적이고 배려는 내부의 적입니다. 보이지 않는 내부의 적이 더 무서운 법입니다. 적의 어떠한 공격에도 무너지지 않던 성벽도 내부의 적이 문을 열어주거나 비밀 통로를 알려주면 속수무책입니다.

쌍방향의 관계를 생각하지 못하고 타인만 생각할 때 지나친 배려의 단계로 들어섭니다. 타인을 생각하는 게 잘못이 아니라 나는 없고 타인만 있다는 점이 문제입니다. 내가 사라진 배려는 희생이 됩니다. 희생은 인간이 할 수 있는 최선의 선행입니다. 희생의 끝에 자신의 생명마저 내던지는 의로운 죽음이 있습니다. 나사렛의 청년 예수, 임진왜란의 이순신, 하얼빈의 안중근의 삶이 그랬습니다. 그러나 우리는 자신을 죽인 군중마저 사랑한 예수가 아닙니다. 사즉생의 각오로 최전선에 섰던 이순신도 아니고 마지막까지 한 점 흐트러짐도 없었던 안중근도 아닙니다. 우리는 작은 바람에도 흔들리는 갈대입니다. 서운한 말 한마디에도 마음의 숲이 일렁입니다.

주고받아야 관계가 맺어집니다. 받기만 하거나 주기만 하면 관계가 성립되지 않습니다. 일방적인 관계도 관계라고 말하면 할 말이 없지만 오래 가지 못할 관계입니다. 희생이 아름다워도 일대일 관계에는 적합하지 않습니다. 내가 사라진 배려는 아름다운 희생이 될 수는 있어도 마음을 주고받는 관계는 되기 어렵기 때문입니다.

모 기관의 조직 갈등 컨설팅을 했습니다. 조직원 사이에 갈등이 심각해져서 노사분쟁위원회까지 소집된 기관이었습니다. 투입되어 팀 전체와 미팅하고 개인별로 심화 인터뷰를 진행했습니다. 다양한 문제가 오랜 시간 쌓였지만, 문제의 뿌리는 지나친 배려였습니다. 배려하는 팀원들이 모였습니다. 당연히 팀 분위기가 좋았습니다. 그러나 자기 생각과 감정보다 다른 사람만 생각하는 지나친 배려가 문제를 키우기 시작했습니다. 처음에는 조그만 균열 정도였는데 오랜 시간 방치해서 건물 안전에 위협이 될 정도의 위험이 되었습니다. 팀장은 팀원을, 팀원은 팀장을, 팀원은 팀원을 배려하는 동안 답답한 마음이 쌓였고 그때그때 대화로 해결하지 못한 작은 불만, 아쉬움, 인정받지 못한 마음이 거대한 장벽이 되었습니다.

배려에서 놓치는 중요한 사람이 있습니다. 내 자신입니다. 자신을 배려하지 못하는 사람은 남을 배려하지 못합니다. 아니 배려할 수는 있어도 오래가지 못하고 상대에게 부담이 됩니다. 자신을 배려한 경험이 없으니 다른 사람을 배려하는 게 자연스럽지 못합니다. 내가 먹어보지 못한 음식을 설명하는 것처럼 말입니다. 배려는 알아주는 마음입니다. 자신의 마음을 알아줘야 합니다. 힘들 때 힘든 것을 알아주는 게 배려입니다. 다시 한번 강조하지만 희생하고 도와주는 게 아닙니다. 자신을 배려하는 사람 곧 자신의 마음을 알아주는 사람의 마음이 넓고 깊습니다. 그렇게 자신을 배려해서 마음이 넓고 깊어진 사람이 다른 사람을 진심으로 배려할 수 있습니다.

배려로 놓치는 뼈아픈 실책은 솔직한 관계가 무너진다는 사실입니다. 남편이 육아로 지친 아내를 배려해서 회사의 어려운 사정을 말 못 하면, 돈이 필요한 자녀가 형편이 어려운 부모님을 생각해서 말 못 하면, 삶에 지친 친구가 더 어려운 친구를 배려해서 말 못 하면, 배려는 관계를 위한 다리가 아니라 벽이 됩니다. 배려보다 솔직한 관계가 먼저입니다. 남편도 어려운 사정을 말하고 아내와 손을 잡아야 합니다. 자녀도 필요한 것을 말하고 부모 품에 안겨야 합니다. 친구도 힘든 일을 말하고 친구의 어깨에 기대야 합니다. 배려가 사람에게 힘을 준다면 솔직함은 사람을 살립니다.

솔직한 관계와 진짜 배려를 위한 시작이 있습니다. 자신만의 시간을 가지는 겁니다. 쫓기는 일상에서는 마음의 소리가 들리지 않고 자신이 지금 어떤 상태인지 알지 못합니다. 새벽의 고요한 시간에, 퇴근하는 버스의 정적 속에, 혼자 있는 카페의 조용한 시간에 마음의 소리가 들립니다. 마음의 소리라고 말하니 명상이나 고도의 기법이 필요할 것 같으나 그렇지 않습니다. 특별한 훈련이 없어도 혼자만의 시간을 가지면 누구나 생각이 떠오르고 감정이 느껴집니다. 그동안 너무 많은 번잡한 소리와 사람 속에서 이런 시간이 어색할 수는 있습니다. 어색하다는 말은 변화가 시작된다는 말입니다. 익숙함과 변화는 어울리지 않습니다.

그럼에도 기질적으로 배려가 넘치거나 환경의 영향으로 배려하는 게 익숙해졌다면 절제를 추천합니다. 절제를 나쁜 일에만 쓰는 경향이 있습니다. 과식을 절제하고 술을 절제하는 것처럼 말입니다. 좋은 것도 절제해야 합니다. 선행, 봉사, 배려도 예외는 아닙니다. 사람이 하루 동안 쓸 수 있는 시간과 체력에는 한계가 있습니다. 절제하지 못하고 한계를 넘어서면 문제가 생깁니다. 체력 이상으로 무리하면 몸이 망가지고 마음을 돌보지 않으면 상처가 남습니다. 오늘 하루 주어진 시간과 내 마음의 분량 안에서 배려도 절제해야 합니다.

내가 이해하고 지킬 수 있는 만큼만 쓰자고 결심하고 시작한 글이 책이 되었습니다. 책이 된 것도 과분한 일인데 세종도서에 선정되고 많은 분의 격려를 받았습니다. 책을 낸 것에 의의를 두자고 생각했는데 이렇게 개정판까지 내게 되었습니다. 초판을 낸 시점이 2020년입니다. 불과 3년 전인데도 한국 사회가 30년은 후퇴한 것 같습니다. 말의 관점에서 분석하면 리더의 말 독점에서 원인을 찾을 수 있습니다. 윤석열 대통령은 달변가라고 합니다. 어떤 주제이건 한 시간 회의면 50분 이상 말을 쏟아낸다고 합니다. 책의 카피가 '독재자는 혼자 말하고 민주주의자는 함께 말한다'입니다. 더 설명이 필요 없습니다.

그런데 윤석열 대통령만 그럴까요? 부모 양육 프로그램을 보면 평소 부모가 양육하는 모습을 촬영해서 전문가에게 보여줍니다. 전문가는 분석 결과를 부모와 나눕니다. 꼭 전문가의 분석이 아니어도 부모 자신이 화면을 보면서 먼저 깨닫습니다. 자기 모습을 보면서 깜짝 놀라기도 합니다.

우리도 평소에 대화하는 모습을 촬영해서 다시 보면 비슷한 양상이 벌어질지도 모릅니다. 자신이 배려심 많은 사람이라고 생각했는데 자신의 말만 고집하는 모습을 보게 됩니다. 평소 그렇게 평등한 사회를 외쳤는데 회의를 독점하는 자신의 모습을 봅니다.

말의 민주주의자가 되기 위해서는 먼저 자신의 나약함과 자기중심적인 모습을 인정해야 합니다. 우리는 그런 사람입니다. 여기서 시작해야 합니다. 내 안에 있는 독재자를 인정해야 합니다. 안 그러면 나보다 나이가 적은 사람, 지위가 낮거나 편한 사람을 만날 때 내 안의 독재자가 모습을 드러냅니다. 책을 내고 강의를 다니면서 제가 했던 말과 글이 제 삶과 괴리가 커짐을 발견합니다. 시시때때로 말의 독재자가 되고 말의 민주주의를 파괴하는 저 자신을 발견하게 됩니다. '말의 민주주의'로 많은 응원을 받았는데 어떤 면에서는 족쇄이기도 합니다. 다시 주워 담을 수 없는 말처럼 이미 쓰고 말한 것에 대한 책임감이란 단어가 어른거립니다.

아무리 노력해도 혼자서는 한계가 있습니다. 요즘 달리기를 하는 분들이 많습니다. 이상하게 혼자서 달리면 안 되는 게 함께 달리면 됩니다. 함께 달리는 모임이 있어서 천 가지 핑계를 뒤로 하고 달리기 모임에 나갑니다. 그렇게 끌려가듯 나가면 돌아오는 길에는 생기발랄해진 모습이 됩니다. '말의 민주주의'를 생활에서 실천하는 사람들이 많아지면 좋겠습니다. 그런 사람들의 작은 모임이 여기저기 많아지길 소망합니다. 그런 모임이라면 어디든 찾아가고 싶습니다. 혼자서는 안 되지만 함께하면 됩니다. 그렇게 저와 함께 말의 민주주의자가 되지 않으시렵니까?

말의 민주주의

초 판 1쇄 발행　2020년 9월 10일
개정판 1쇄 발행　2024년 10월 10일

지은이　노수현
펴낸이　노수현
편 집　노수현
디자인　정나영 (@warmbooks_)

펴낸곳　마음대로
등 록　제2018-000139호
주 소　서울시 중구 세종대로 19길 16, 성공회빌딩 별관 302호
이메일　nsoo102@naver.com
홈페이지　https://maeumbook.imweb.me

가 격　16,000원
ISBN　979-11-986193-2-7 (03340)

말이